歴史から読み解く日本人論

井沢元彦

PHP文庫

JN124124

○本表紙図柄＝ロゼッタ・ストーン（大英博物館蔵）
○本表紙デザイン＋紋章＝上田晃郷

まえがき

「日本史で読み解く日本人」というテーマでまとめたこの本は、私が過去様々な場所で行った講演の筆録をもとにしています。

講演というのは、どんな人が聞きに来ているのか原則としてわかりません。もちろんテーマは先に公表されますから興味のない人は来ないでしょうが、たとえば歴史というテーマであっても、初心者もいれば相当深く勉強している人もいます。そうした人々をすべて満足させるのは至難の業です。

しかもこれが本ですと、わからなかったところを事典などで調べることができますが、講演の聴衆は原則としてそれができません。今はスマホという便利なものがありますから、まったく不可能ではなくなりましたが、聴衆をそんなものに頼らせるようなやり方で講演しても、聞く方はまったく面白くないでしょう。何かを調べているうちに次の話題に入ってしまうからです。

逆に講演をやる場合、すべての人が引っ掛からないように演者は気を使います。少なくとも私はそうです。「あれ、今のところなんて言ったんだろう」と少なからずの人が思えば、「この講演はわかりにくかった」「ついていけなかった」という感想につながってしまうからです。

つまり講演は、初心者の入門編としては有効性が高いということです。そういうことで、同じようなテーマについて別の著作で語っていますが、あえてこの形で本を出すことにしました。初心者には特におすすめです。私の歴史に対する見解でわかりにくいと思われるところがあったとしたら、それをできるだけ嚙み砕いた形にしたということです。そうした観点で読んでいただければ幸いです。

井沢元彦

歴史から読み解く日本人論

——目次

第一章

話し合い絶対主義の日本人

――「憲法十七条」から読み解く独特の行動原理

第二章

祟りへの恐れが生んだ「和」という同調圧力
――怨霊信仰は日本人の固有思想

第五章 「汚れ」と「ケガレ」は何が違うのか
――外国人には理解しがたい日本人の宗教観

第六章

水が日本人の思想に与えた影響

——「山紫水明の国」で培われた文化と感性

第七章

なぜ、日本人は憲法を改正できないのか

——言霊、ケガレ、怨霊信仰の弊害

第一章

話し合い絶対主義の日本人

「憲法十七条」から読み解く独特の行動原理

「憲法十七条」はまさに宗教

なぜ日本人は、競争ではなく、話し合いによって物事を決めるのが好きなのでしょうか。

答えは日本の歴史の中にあります。しかも、それは日本人なら誰もが知っている有名なものです。

でも、いくら教科書を読んでも、残念ながら、よくわからないと思います。なぜなら、教科書にはそのことがわかるような説明の仕方がなされていないからです。

それは、六〇四年に制定された聖徳太子の「憲法十七条」です。

六世紀後半から七世紀初頭に活躍したとされる聖徳太子という人物については、実在したとかしなかったとか、いまだにはっきりしない部分もあるのですが、『日本書紀』に「憲法十七条」というものがあり、これは聖徳太子という非常に立派な皇太子が書かれたものだ、ということが記されているのは事実です。

　ということは、最低限、当時の人びとが、この「憲法十七条」を日本人にとって一番大切な教えだと納得していたということです。

　ではまず、この「憲法十七条」の中身について見ていきましょう（現代語訳は『日本の名著2　聖徳太子』中村元編・中央公論社より）。17ページに高校の歴史教科書（『詳説日本史　改訂版』山川出版社）に載っている「憲法十七条」の条文を載せています。

第一条、

「おたがいの心が和らいで協力することが貴いのであって、むやみに反抗することのないようにせよ」

　これが、「和を以《もっ》て貴《たっと》しとなし、忤《さか》ふること無きを宗《むね》とせよ」に当たる部分です。

「それが根本的態度でなければならぬ。ところが人にはそれぞれ党派心があり、大局を見通している者は少ない。だから主君や父に従わず、あるいは近隣の人びとと争いを起こすようになる」

次が肝心なことですが、

「しかしながら、人びとが上も下も和《やわ》らぎ睦《むつ》まじく話し合いができるならば、ことがらはおのずから道理にかない、何ごとも成し遂げられないことはない」

こう書いてあるのですが、この文章は、ものすごく変なものだと思いませんか。

特に問題なのが、「人びとが上も下も和らぎ睦まじく話し合いができるならば」以下のことができると言っているわけですから、聖徳太子は話し合いということを勧めているわけです。

話し合いをすると、どういうことができるか。

「ことがらはおのずから道理にかなう」というのです。

道理というのは物事の正しい筋道という意味ですから、「道理にかなう」ということは、「正しい」ということです。もう少し簡略に訳しますと、「みんなで話し合って物事を決めれば必ず正しい」ということです。

でも、みんなで話し合って決めれば、その話し合ったことがらは、必ず正しいのでしょうか。そんなことがあり得ますか。

●憲法十七条

一に曰《いわ》く、和《わ》を以《もっ》て貴《たっと》しとなし、忤《さか》ふること無きを宗《むね》とせよ。

二に曰く、篤《あつ》く三宝《さんぼう》①を敬《うやま》へ。

三に曰く、詔《みことのり》②を承《うけたまわ》りては必ず謹《つつし》め。君をば則《すなわ》ち天《あめ》とす、臣をば則ち地《つち》とす。

十二に曰く、国司《くにのみこともち》・国造《くにのみやつこ》・百姓《おおみたから》に斂《おさ》める③ことなかれ。国に二《ふたり》の君なく、民に両《ふたり》の主《あるじ》なし。率土《くにのうち》の兆民《おおみたから》④、王《きみ》を以て主とす。

十七に曰く、それ事は独り断《さだ》むべからず。必ず衆《もろもろ》と論《あげつら》ふべし。

（『日本書紀』、原漢文）

①仏教。②天皇の命令。③税を不当にとる。④すべての人民。

高校の教科書に載っている憲法十七条の条文（『詳説日本史 改訂版』山川出版社）
条文はこれで終わりではなく、続きがある。

みんなで話して決めるということは、英語で言えば[decision making]ですが、その[decision making]の一つの手続きにすぎないわけです。だったら、その手続きが取られたからといって、イコール、その決めたことがらが「道理にかなう」ということが、本来あり得ますか。私はないと思います。

たとえば、国家が太平洋戦争の開戦を決定したということでもいいですし、あるいは、もっと卑近なことであれば、趣味のサークルで、みんなで話し合いによって、ある決定がなされたとします。

では、その決定が正しかったかというと、十年、二十年経《た》ってみれば間違っていたということもあるでしょう。人間は神様ではないのですから、あの時はこうしておけば良かったというようなことは、人間である以上必ずあるのではないでしょうか。必ず間違いはあるはずなのです。

それなのに、聖徳太子は「和らぎ睦まじく話し合いができるならば」、その話し合った内容は、つまり案件は「道理にかなう」と言っているのです。

だから、これは確かに宗教です。宗教というのは、合理的に考えたらあり得ないことをこうだ、と信じるのが宗教です。

その考え方で言うならば、憲法十七条の言っていることは、まさに宗教なのです。みんなで話し合って決めれば、「道理にかなう」ということは、本来、「ない」はずなのですから。

「和の精神」は仏教や儒教なのか

では、これは仏教でしょうか。さらに憲法十七条は続くので、もう一つ言っておいたほうがいいと思うのですが、「道理にかなう」だけではないのです。「何ごとも成し遂げられないことはない」とは、「成功する」ということです。みんなで話し合って決めたことは必ずうまくいく、ということです。みんなで話し合ってものごとを決めれば必ずうまくいきますか。そんなことはあり得ないでしょう。

戦争の決定でもそうですし、たとえば日本のある都市に次のオリンピックをもってこようと、その市民がみんなで話し合って決めれば決まるのか。そういう問題ではありません。やっぱりそれも相手のあることですし、必ず決まる、とは言えないはずです。

しかし、聖徳太子は「そうだ」と言っているのです。こういう考え方は、仏教には「ない」と思うのですが、いかがでしょうか。

仏教というのはどんな形にせよ、仏の教え、つまり仏法が真理であり、正しい道である、と信じるのが、私はあらゆる仏教に通じることだと思うのです。小乗仏教の「小乗」というのは、大乗仏教（上座部仏教）の人びとが作った差別語（一人しか救えないという悪口）だからいけないのですが、大乗仏教であろうと小乗仏教であろうと、とにかく仏の教えというものを無視して、正しい道というのはあり得ないはずなのです。

この第一条をよく見てください。「仏」という言葉は一言も使っていません。たとえば、その話し合いに際して仏の教えに準拠せよとか、あるいは常に仏の道を意識せよとかです。あるいは僧の教えに従えとか、そういうことは一切書いていません。

第二条には確かに、有名なあの「篤《あつ》く三宝を敬へ」とあります。三宝とは「仏《ぶつ》・法《ぽう》・僧《そう》」のことです。つまり「仏教を敬え」ということは第二条には間違いなく出てきますが、第一条には一言も仏ということは書かれていないのです。

ですから、私は少なくとも聖徳太子の憲法十七条の第一条に語られているこの和の精神というものは、仏教とは関係のない、日本古来の思想だと思います。

では、聖徳太子は仏教信者ではないかというと、そんなことはありません。聖徳太子は歴《れっき》とした仏教信者です。

この当時の仏教というのは、まだ国教的な立場を確立しておりませんし、簡単に言えば、まだ渡来したばかりの外来宗教です。国民の多くは仏の教えにまだあまり触れていません。仏像とかお寺は見たことがあるかもしれませんが、仏の教えについて、そんなに理解していませんでした。そういう段階において、聖徳太子は国民に呼びかける言葉として、聖徳太子個人としては熱心な仏教信者でありますから、やはり「仏教を敬え」と言いたいのが普通でしょう。

しかし、それが出てくるのは、第一条ではなく、第二条なのです。

公人としての聖徳太子はどんな人かというと、推古《すいこ》天皇の摂政《せっしょう》でした。摂政とは今でも使う言葉ですが、国王代理、この場合、天皇代理です。聖徳太子の父が用明《ようめい》天皇で、その妹が推古天皇でした。聖徳太子が摂政ということは、実質的には叔母の推古天皇がトップに座る「女帝」です。

叔母が天皇でその甥《おい》っ子である聖徳太子が、太子というからには皇太子です。皇太子であってしかも摂政です。事実上のこの国のナンバー1でしょう。そして聖徳太子の私人としての立場は、先ほど述べたように、明らかに仏教徒でした。

その聖徳太子の言葉として、これはたぶん確実だろう、というのに、「世間虚《せけんこ》仮《け》、唯仏是真《ゆいぶつぜしん》」というのがありますが、あれは現世否定です。現世を否定する精神という、あるいは現世よりも他の世のほうがいいという精神は、それまでの日本にはなかったものです。

その一言をとってみても、経典注釈書である『三経義疏《さんぎょうぎしょ》』が聖徳太子の撰《せん》であろうとなかろうと、やはり聖徳太子は日本の中で、少なくとも当時一番仏教を理解していた人だ、と私は認めていいと思います。だから、聖徳太子は私人としては熱烈な仏教徒なのです。

公人としての立場、天皇家出身の政治家、最高権力者としての立場を重んじるならば、「国民よ、天皇の言うことは必ず聞きなさい」と言いたいところでしょう。確かにそう言ってはいるものの、それは第三条です。

つまり、聖徳太子が公平に見て、当時の日本人を支配する原理は何か、と考えた場合、個人的には、天皇とか、仏教とか言うでしょう。しかし、憲法十七条の中で、確かにその二つについて言ってはいるのだけれども、本当に大切なのは、日本全体を見ると、決してその二つではなかったのです。

それは、やはり第一条における、和の精神でしょう。和の精神というのは、もっとわかりやすく言うとどういうことかというと、まさに、ここに書いてあるとおり、何事も物事は話し合いで決めろ、ということです。話し合いで決めれば必ず正しいし、うまくいく、ということです。それが、聖徳太子が発見した日本古来の思想であったのです。

これは悪く言えば、そこらへんにいるおじさん、おばさんであっても、物事はとにかく話し合いさえすればいい、ということで、「誰が」という条件つきではないでしょう。

上も下もという条件はついているけれども、これは全部という意味ですから、要するに、誰が、どういう資格を持つ人が話し合えばいいかという条件は何もついていません。だから悪意のある言い方をすれば、どんな凡夫《ぼんぷ》（普通の人）が集まって話を決めてもいいということになるのです。

でも、仏教というのは、そういうことを否定しているはずなのです。確かに大乗仏教には、「如来蔵《にょらいぞう》」という考え方があります。これは皆さんもよくご存じだと思いますが、要するに人間は必ず仏になれるという性質を持っていると、『法華経』に書いてあります。

しかし、仏になれる、ということと、今、仏になっているということは別です。ですから、そこらじゅうにいる、仏の教えなんか知りもしない、おじさん、おばさんが集まって話し合えば真理に達するというのは、仏の教えこそ真理である、という仏教に明らかに反してはいないでしょうか。

さらに言うならば、儒教でももちろんありません。聖徳太子の憲法十七条は、儒教の強い影響を受けている、という説があります。しかし、それについては、憲法十七条の訳で引用した、仏教学者である中村元先生も著書で否定しています。

儒教には基本的な徳目というのがあります。徳目というのは、守るべき道徳の項目のことです。

大変わかりやすいのは、江戸時代の小説家、曲亭馬琴《きょくていばきん》（滝沢馬琴）が書いた『南総里見八犬伝』という小説にあります。その儒教の徳目の権化のような人物として、犬の姓を受けた、八人の犬の名前を持つ八犬士を見るとわかります。犬塚信乃《しの》（孝）、犬川荘助（義）、犬山道節（忠）、犬飼現八（信）、犬田小文吾（悌《てい》）、犬江親兵衛（仁）、犬坂毛野（智《ち》）、犬村大角（礼）の、犬の名前のついた姓を持つ剣士たちです。

その剣士たちが、一つずつ水晶の珠《たま》を持っています。その中に浮かび出る文字が、儒教の徳目なのですが、仁・義・礼・智・忠・信・孝・悌。このうち、仁はむしろその、義・礼・智・忠・信・孝・悌を全部兼ね備えた、完璧な人格者であると言ったほうが間違いないと思います。それを全部併せ持っていることを、徳を持っている、というわけです。ですから、徳というのは儒教の目指す最高の状態というわけです。

この中でなじみのない「悌」というのは、兄さん、姉さん、要するに年長の兄弟に対する親孝行の孝みたいなものです。幕末の頃、土佐藩士に福岡孝悌《たかちか》という人がいましたが、その名前はここからとったのだと思います。「信」は信、「礼」

は礼と字のごとくです。そして「義」というのは、日本で普通に言う忠義、臣下として、主君に尽くすべき道、ということです。

一番重いのが、やっぱり親孝行の「孝」です。儒教というのは、いろいろ流派はありますが、少なくとも孔子の始めた儒教は、親孝行というのをまず人間の根本の秩序ととらえて、親に対する忠誠、貢献、感謝、そういったものを一番の基本にして、それを拡大していくというものです。つまり、親に仕えるように主君に仕えよ、というのが「義」なのです。

「憲法十七条」の第一条と第二条は別のもの

この「孝」と「義」がバッティングする場合があります。

たとえば、主君の命令で戦争に行こうとしたら、親が病気になった、という時、どうするかというと、これは中国では休まなければいけません。敵前逃亡してもいいから親のところに帰って、親に忠、孝行を尽くさなければいけない、というのが基本です。

また、これは有名な話ですが、ある有名な弟子が、先生に対して、自分のお父さんが殺人罪にあたる罪を犯したら、つまり処刑に値する罪を犯したらどうするんだ、という質問をしたところ、師は、それは親を担いで逃げろ、と答えたのです（『孟子《もうし》』）。これが、儒教の教えです。だから「孝」が一番大切なのです。

ちなみに八犬士の中で最初に出てくる犬塚信乃が持っている珠が「孝」で、最後に出てくる犬江親兵衛が持っている珠が「仁」です。

この八犬士の話で、実は何が言いたかったかというと、憲法十七条の第一条にある「和」が入ってないのです。もし「和」について儒教の影響が強いというならば、「和」という徳目がこの中に入っていなければいけないでしょう。

このさらに下に「礼」を用いるには、「和」をもって貴しとなす、という言葉はあるのです。つまり、礼儀・作法を円滑にするためには和というものは大切であるぞよ、という教えは確かにあります。しかし、それはあくまで「礼」を行うためであって、この中の全部の話ではないのです。

そういう意味で言えば、やはり「和」というのは、この中国人の道徳である儒教にはまったく反する、全然別のものなのです。

どう違うかを「孝」で見てみます。たとえば、今はだんだん変わってきましたが、プロ野球のペナントレースで、明日、優勝がかかった大事な試合があるという時に、親が病気だからといって帰ってしまう選手は、日本では賞賛されるよりも批判されることが多いかもしれません。親は大事だけれども、チームの優勝のほうが大事だから、私はがんばって投げます、とか言うと賞賛されます。

あるいはもっと極端な例でいえば、役者さんです。ある一座の座長さん（役者の長）が座長公演しているという状況だとします。突然、親が病気になって死にかけている、しかし舞台に穴はあけられない、という時に、伝統的な中国人だったら親をとると思います。

ところが日本人はむしろ一座の和を大切にするために、親のもとには行かず、親子関係よりも仲間との対人関係のほうを優先することがあります。

これとは全然別の道徳で、「愛」があります。「愛」というのは、たとえば家族愛です。プロスポーツの外国人選手は、家族愛のほうが大事だと思っていますから、家族が求めるなら、球団をやめるとよく言います。

日本人は、むしろチームとの協調が重要と考えますから、なんでやめるのだ、とさんざん批判しますが、それは大事にするものが違うということです。ですから、一言でいえるのは、要するに「和」というのは儒教とは関係ありません。漢字で書いてあるから関係ある、と思うのは大間違いで、字が似ているだけで中身はまったく違って、儒教とは関係ありません。

では、仏教ではどうでしょうか。既に申し上げたように仏教も憲法十七条とは関係ないと思います。

『僧祇律《そうぎりつ》』という古いインドの仏教の説話集にこういう話があります。

ある時、あるところに非常に慈悲深いサルの王様がいた、といいます。サルの王様はある夜、びっくり仰天しました。というのも、たまたま井戸を覗《のぞ》き込んだところ、満月が井戸の底に映っていたのです。サルの王様は、なんと「大変だ。月が井戸に落ちた」と解釈しました。上をちょっと見れば済むことだったのですが、動転してしまったのでしょう。

では、どうしようかということで、国民であるサルを動員することにしました。その動員したサル全員で手をつないで深い井戸の底に下りて、月を救えという命令を下したのです。

ところが一番上のサルが重みに耐えきれず、手をはなしてしまって、サルたちは全員溺《おぼ》れ死んでしまったのでした。

この話で何が言いたいかというと、そのサルの王様というのは、人間にしてみれば非常にいい人で人格者です。義俠《ぎきょう》心があります。義俠心というのはつまり、儒教の言葉ですが、他人のために命を棄《す》てることも辞さない覚悟、ということです。

要するに、月の危機に対して立ち上がったわけですから、これは慈悲心があるわけでしょう。慈悲もあり、義俠心もあり、そして国民に対する統率力もあるわけです。

では、なぜダメなのかというと、それは智慧《ちえ》がないからです。

智慧というのは仏の智慧という意味です。要するに仏の真理に準拠していない限り、また教えに沿わない限り、いかに慈悲心を持って物事をやろうとしても、結果的には、国民や国家を全滅させるようなことすらあり得るということなのです。

だから、よく日本人は、善意でやったのだからいいではないか、ということを言いますが、外国には「地獄への道は善意の石で敷き詰められている」ということわざがあって、要するに、善意・善意・善意・善意・善意でいけば、何事もうまくいくかというと決してそうではないということなのです。

以上のように、仏教にはこういった教えがあるわけです。『法華経』の「全部が仏になれる」という思想もあれば、仏なんかいなくても自分で悟りを開ける、という『維摩経《ゆいまきょう》』に出てくる維摩居士《こじ》とか、あるいは、独覚《どっかく》という言葉も妙好人《みょうこうにん》という言葉もあります。あるいは一遍上人《いっぺんしょうにん》の言った「唱うれば、仏も我もなかりけり。南無阿弥陀仏、南無阿弥陀仏」という唄もあります。

それらを全部拡大解釈して、どう考えても、そこらにいる凡夫が集まって、とにかく集まって話しさえすれば正しいし、うまくいく、というのはどう考えても仏教ではありません。「憲法十七条」において、第一条と第二条、さらに第三条は別のものなのです。一緒に考えるからいけないのです。第一条、第二条、第三条はそれぞれ別のことを言っていて、相互に連関性はないというのが、私の意見です。

聖徳太子が本当に言いたかったこととは？

第一条の和の精神を整理しますと、物事は必ず話し合いで決めなさい、ということをまず言っているわけです。

そして話し合いで決めさえすれば、その決めた内容も正しいし、正しいだけではなく、うまくもいくということです。そうしますと、これが絶対であるならば、もし逆だったらどうなるかです。逆というのは、物事を話し合いで決めなければ、その決めたことは正しくもないし、うまくもいかないということでしょう。

では、物事を話し合いで決めないというのは、どういうことでしょうか。それは、一人で決めるということです。ということは、話し合いで決めたことが必ずうまくいくのであれば、その反対として、一人で決めたことは必ずうまくいかない、やってはいけない、ということになるでしょう。

これは論理の問題です。話し合いで決めたら物事は正しいし、うまくいく、と聖徳太子は第一条で言っているのです。ということは逆に言えば、話し合いではない決め方、一人で決めたら、それはうまくいかない、ということになるはずです。

では、第十七条をみると、「重大なことがらは一人で決定してはならない。かならず多くの人びととともに論議すべきである」と書いてあります。

なぜ、そうなのかという、第十七条の最後の文章には、「小さなことがらは大したことはないから、かならずしも多くの人びとに相談する必要はない。ただ重大なことがらを論議するにあたっては、あるいはもしか過失がありはしないかという疑いがある。だから多くの人びととともに論じ是非を弁《わきま》えてゆくならば、そのことがらが道理にかなうようになるのである」と書いてあるのです。

憲法十七条は基本的には同じことを繰り返しては言っていません。ところが、第一条と第十七条の「一人で決めるな」は、裏返しの表現で頭と終わりで同じことを二度言っているわけです。

多くの人びととともに論じ、是非を弁えてゆくということは、結局、言葉を替えているだけで、第一条とまったく同じで「話し合うこと」でしょう。「多くの人びとと「ともに」「論じ」「是非を」、正しいか正しくないか、「弁えてゆく」ということは、「話し合いをしろ」ということです。

聖徳太子がこの憲法十七条で一番言いたかったことは何でしょうか。どう考えても、これは第一条と第十七条で言っている「話し合いで物事を決めなさい」ということなのです。

ここに日本の歴史を知らない、聖徳太子なんて誰か知らない、しかし、日本語は普通に読めるという人を連れてきたとしましょう。この憲法十七条をとりあえず読みなさいと言います。「さて、君はこれを書いた人は何が一番言いたかったのかと思うか」と聞けば、まず間違いなく、「話し合いだ」と答えるでしょう。とにかく憲法十七条で同じことを言っているのは、第一条と第十七条だけです。

一番強調されるべきは、頭と終わりでしょう。それで同じことを言っているのでしたら、やはり憲法十七条で一番重要なことは、「話し合い」なのではないでしょうか。

そう言われて気づくと思うのですが、今の日本人もよく「話し合いが大切だ」

「とにかく話し合いで決めるべきだ」と言うのではないでしょうか。そんな角を立てるようなことをしないで、話し合いで決めようや、とかです。それだけ日本人は話し合い絶対主義なのです。

日本には話し合い絶対主義という宗教がある

一九九六年十二月に、南米のペルーで、日本の青木盛久大使（当時）がテロリストに捕まった事件がありました。あの時、テレビのキャスター、新聞の論説員、あるいは知識人と呼ばれた人たちは、何と言っていたでしょうか。実は「犯人側とよく話し合おう」です。

当時、アメリカ大統領だったクリントンさんは、そんなことは言っていません。「テロには絶対屈しない」と言いました。これはどういう意味かというと、テロリストにアメリカ人が人質になるようなことがあったら、強行突入して解決するという意味です。最悪ですが、人質が死んでもいたしかたない、という意味です。

そう言うと日本人は、「人間の命は地球より重いじゃないですか」とか言いますが、極端ではありますが、人質をとられたら、テロリストに原爆をわたすのかと。そんなことはないわけでしょう。

仮に、アメリカでもどこの国でも、テロリストの言うことを聞いてお金を一度でも払ったとします。そうしますと、次からは、「ああ、あそこは脅《おど》せば金を払うんだ」ということになりますから、世界中からその国の人が狙われることになります。そうしたら、もう絶対防ぎようがないのです。それを防ぐためにはどうするかというと、テロには屈しない、ということです。

たとえば、毛布を差し入れろとか、食物を差し入れろとか、そういうテロリストの要求は聞くけれども、犯人を釈放せよ、われわれを国外亡命させよ、など、そういうことには通常はOKは出さない、というのが、普通の国の考え方です。日本は違います。日本は、話し合いさえすればいいとなります。なぜ話し合いにこだわるのでしょうか。それは、話し合いで決めたことは、全部正しいし、全部うまくいくからです。だから、みんな「話し合え」と言うのです。

われわれは今でも、実は憲法十七条の世界に生きているのです。

こういった話をすると、狐《きつね》につままれたような感じがすると思いますが、実はそのことをすでに指摘した人がいるのです。私ではありません。学者ではなくて評論活動をされていた山本七平さんという方です。

その山本七平さんが書かれた『「あたりまえ」の研究』（文春文庫）の中に、「話合いの恐怖」という文があります。要するに、「日本には話し合い絶対の文化がある」と言っています。

その例として、少女売春を挙げています。少女売春は、今、援助交際（パパ活）とか呼ばれていて、高校生か中学生くらいの少女が中年のおじさんに身を売るというものですが、その場合に、それはいけないことではないかと、たとえば女の子をつかまえて説教すると、女の子は「相手も楽しいし、自分も楽しいし、世の中のだれにも迷惑をかけていない。そのうえお金が入る、どうしてこれがいけないのか」というようなことを言います。これは、別にふざけているわけでは本当にないのです。要するに、これが一つの日本文化の型なのです。

山本七平さんは、「前提なしの無条件の話合いに基づく合意が絶対である」と定義しています。とにかく話し合いさえすればいいということです。話し合いの資格とか時期とか、そういうものは問わない、ということです。前提なしの無条件の話し合いに基づく合意が絶対であり、それを外部から拘束する法律や道徳は認めない、ということです。

たとえば、男の人に「日本には売春防止法という法律があるからそんなことをしてはダメだよ」と言ったとしたら、「文句言うなよ。双方納得してるんだし」ということになる。あるいは女の子に「嫁入り前の娘がそんなことをするもんではないよ」と叱ったとします。これは法律ではなくて道徳です。道徳で説教しても、「いいじゃない、双方納得してるんだから」ということになる。

つまり双方の合意が、話し合いによる合意が絶対であって、それを超えるものは認めていないということです。

これがもうちょっと社会的モデルとして発達したのが、いわゆる建設業界の談合です。

たとえば、K市で今度、役所の新庁舎を建てることになった、とします。その時に、普通はどうするかというと、入札という手続きをやるわけです。つまり、日本は今、完全にフリーではないですけれども、指名権を持っている業者さんがいるわけです。

A建設とか、B土建とか、C組とかいうのがいて、そこに「今度の市庁舎はいくらで請け負う」ということで出すわけです。その中で一番低い値段、たとえば、ある業者は「五〇億でやります」、「いや、私なら四八億でやります」「では、四七億でやります」というふうに競争で入札させて、一番低い値段を出したところに、それを落札してやらせるということです。つまり、それが税金の節約になるという考え方です。これが競争入札です。

しかし、日本ではどうなるかというと、A建設、B土建、C組、D社といった業者が、業者同士で話し合うのです。団体を作ってみんなで話し合ってしまう。それで、どうするかというと、たとえば今度の新庁舎の工事に関しては、A建設とB土建でやってもらおう。われわれは手を引きましょうと。その代わり、今度何かあったらC組とD社でやらせてもらおう。そしてその次は、E社とF社でやりましょう。みんな仲良く共存共栄、和気あいあいというやつです。業界の和を保つということです。

これは法律違反です。でも、彼らは少なくとも問題になるほど悪いことだとは思っていないわけです。「そんな競争なんて角の立つことしなくても、みんなで仲良く仕事を回し合えばいいじゃないですか。何が悪いの？」という感じです。「お互いが納得しているじゃない。こっちはお金をもらって嬉しいし、相手も喜んでる。何がいけないの？」というわけです。それがいわゆる「話合いの恐怖」ということなのです。

さて、そこでもう一度、憲法十七条の第一条に戻りますと、「人びとが上も下も和らぎ睦まじく話し合いができるならば」ということは、「和らぎ睦まじく」というのが条件ですが、要するにさっきも言ったように、話し合いに資格、たとえば貴族でなければいけないとか、あるいは何人以上でなければいけないとか、あるいは当事者同士でなければいけないとか、そういった条件は何もなく、無条件なのです。前提なしの無条件の話し合いにおける合意が絶対であって、法律や道徳を受け付けない、とまでは書いていません。

山本さんは、残念ながら憲法十七条には言及されませんでした。山本さんは、現代の日本人は、なぜこんな考え方をするのだろうという現象を分析した結果、日本には話し合い絶対主義という宗教がある、というところまでは悟られたのです。残念ながらそれ以上は追求されず、もうお亡くなりになってしまいました。私は、別に弟子ではないですけれども、その後を引き継いだわけです。

要するに、話し合い絶対主義というのは明らかに今の日本人にも残っているのです。とにかく話し合いさえすれば、物事は何事も解決するかのような幻想を持っています。そして、その幻想という、一種の信仰と言ってもいいのですが、話し合いさえすれば物事はうまくいくという発想は、憲法十七条までさかのぼるのです。これは、今から千四百年以上前の六〇四年に公布されています。約千四百年前から日本は、こういう国なのです。

実は山本さんは、キリスト教徒です。なぜ山本さんが、話し合い絶対主義に気づいたのでしょうか。普通、日本人として育ったら、日本人の原理にどっぷりつかっているわけです。だから、日本人の原理である話し合い絶対主義というのがあることが見えないのです。そんなのは当たり前だからです。

われわれは普段、空気を意識しないでしょう。酸素が明らかに存在し、今でも吸っているわけです。酸素を吸っているからわれわれは生きていけるのですが、普通、酸素の存在を意識していません。同じように、日本人として生きていると、普通は話し合い絶対主義は当たり前だから見えないのです。ところが、キリスト教のように全然違う外国の原理を見ると、これが見えてくるわけです。外国の原理とは違うからです。

この点、聖徳太子も実は同じだったと思います。聖徳太子も日本で初めて、と言っていいくらいの非常に優秀な仏教信者です。だからこそ、日本古来の原理と仏教が違うということがわかったのだと思うのです。

だから逆に言いますと、憲法十七条は、やはり私は聖徳太子が書いたものだと思います。仏教の坊さんがもし書いたのなら、第一条を仏教にするはずではないでしょうか。「篤く三宝を敬へ」をなぜ第一条にしないのか、おかしいではないでしょうか。

ということは、やはり、これは、個人としては仏教の信者であるのだけれども、客観的にみて国民を諭《さと》す言葉となると、「それは仏教ではなく、話し合いなんだ」ということに気づける立場にいたということです。

そうすると、聖徳太子以外に作った人を探すほうがむしろ困難だと思うのです。

現実の政治家で仏教の信者で、日本文化がかなりわかっている人を、無理やりに比定しようとすると、実際、無理があるでしょう。確かに憲法十七条に当時の言葉ではあり得ないものが含まれているのは事実ですが、それはあとでテキストを書き写した人間がその時代の言葉を使ってしまったと考えればいいわけであって、いわゆるその起草者の心理や思想から考えたら、これはどう考えても聖徳太子の作だ、と私は思っています。

一人で決めるのは「憲法違反」

その話し合い絶対主義は、今の日本にどこまで根づいているのでしょうか。司馬遼太郎さんの『余話として』（文春文庫）という本の中に「日本的権力について」というエッセーがありますが、そこに「権力が一人に集中することをこうまでも避けつづけてきた社会というのは、他の国にはないのではないでしょうか」というようなことが書かれています。日本の歴史をずっと見ていると、権力が一つに集中するということを、日本人は異様なまでに避けているというのです。

なぜそうなのか、また権力が一人に集中するとはどういうことでしょうか。それは、何事も一人で決めるということです。絶対的な権力者が一人でいるということは、何でも一人で決められるということです。

それは、つまり「悪」なのです。みんなで決めれば正しいのですから、一人で決めたら「悪」で、一人で決めるような絶対的な権力の立場にいる人間は、イコール悪人だということなのです。

よく最近、日本人にはリーダーシップがないと言われます。しかし、明治維新のような大改革でも、毛沢東のような大リーダーが一人いたかというとそうではないでしょう。西郷隆盛とか、坂本龍馬とか確かに偉い人はたくさんいましたけれども、一人で物事を決めたリーダーはいないでしょう。

なぜいないかというと、それは「憲法違反」だからです。ただし、同じ憲法でも今の日本国憲法ではなくて、「憲法十七条違反」です。ちなみに憲法違反をした人間はどうなるかというと、端的な例が、織田信長だと思います。織田信長はその晩年期に、彼一人に権力が集中しました。その結果、どうなったかというと、家臣の明智光秀に殺されたわけです。

その点おもしろいのが、江戸時代です。江戸時代というのは、徳川家康が天下をとった時点では、彼が唯一にして最大の権力者でした。何でも一人で決められる立場にいます。天皇ですら家康の顔色をうかがわなければいけない、という大権力者です。

絶対権力というのは、ナンバー2でも逆らえません。ナンバー2でもナンバー1には決して逆らえないというのが絶対権力ですが、徳川家康は、そういう絶対権力の持ち主だったのです。そうでなければ天下はとれなかったと思います。

戦国時代というのは、優秀な軍隊を持っていないと天下はとれません。軍隊の命令は、今の言葉でいうとトップダウンです。上官に権力が集中しなければならず、下が勝手なことをやったら何もできません。やはり徳川家康はそういう意味で軍団長であり、一番トップにいたのです。

普通の国なら、その権力や権限を息子に与えるでしょう。自分が持っている最高権力を愛する息子に与えるわけです。しかし徳川家康は、わざわざ息子の中で一番おとなしい秀忠を選んだうえ、自分の権力をわざわざ複数にばらしたのです。

徳川幕府の組織は老中が五人（四人の場合も）いる「老中合議制」でした。要するに、「おまえ（秀忠）は老中が合議で決めたことに対して、ただ単に判子を捺《お》せばいいんだ」という制度です。そういうシステムにして将軍職を渡した、ということです。

これは、覇気のある男にとってみれば、馬鹿にするな、という感じでしょうが、江戸時代は、基本的にそんな感じで続いていったのです。ただ、八代将軍吉宗や五代将軍綱吉などのように、逆にこの老中をコントロールした、血の気の多い将軍もいました。

この合議制でよく誤解されやすいのは、3対2や4対1で押し切れるかというと、実は押し切れないのです。必ず全員一致です。物事にはなかなか全員一致となりにくいところもありますから、そういう時にどういう手法を取るかというと、足して2で割るというやり方です。

要するにお互い妥協点を探り合って、みんなが納得する形にして上に上げるということです。これが日本の民主主義と呼ばれているものです。本来、民主主義だったら、一〇〇人いたとしたら、五一対四九の場合、多いほうが押し切ってもいいはずです。西洋の民主主義はそうです。もちろん三分の二以上賛成することが必要なものもありますが、基本的には一票差で押し切ってもいいはずです。

しかし、それをやったら日本では何事もまとまりません。必ず、できれば少なくとも与党の中だけではまとまるとか、そういうふうにしないと物事は先に進みません。江戸時代からというか、憲法十七条の時代からもうすでにそうなのです。

絶対権力が存在してはいけない国

では、この五人でどうしても意見が割れる時にはどうするのだという問題があります。私は徳川家康という人はたいへんな政治の天才だと思うのですが、そういった場合は将軍と老中の間に大老を置くことにしたのだと思います。大老というのは臨時職で、緊急非常時以外は置きません。あくまでも緊急非常時対策です。

大老と老中の違いは何かというと、老中は基本的に全員同格です。筆頭老中がいますが、今の言葉でいうと議長のようなもので、古参の老中とか、その中で一番年上の人とか、あるいはその中で一番経験の深い人とか、あるいは同じくらいの年ならば家の格が高い、たとえばこっちは五万石だけど向こうは十万石だとか、そういった家の格で決めることはあるのですが、筆頭老中はあくまで議長であり、世話役であって、みんなのまとめ役なのです。

ところが大老は違います。大老は一人で決められるのです。五人の老中が全員逆らっても、「俺がこうしたいんだ」というふうに言えば、決まるのです。これは、合議制の中の一員ではなくて、独裁官です。

ですが、外国ではこういうことはほとんどないのです。なぜならば、将軍がいるのですから、五人が五人、意見がまとまらなければ将軍が裁断すればいいわけでしょう。今でも、衆議院でも、たとえば真っ二つに割れた場合、最後に議長が裁断したりします。上の人間が一人いれば、その人が決めればいいはずです。

それをなんでわざわざ大老を置いて決断させるのかということは、憲法十七条の通りなのです。つまり、一人で決めることは悪だから、将軍にはやらせないのです。悪いことは、大老に泥をかぶってもらうということです。

泥をかぶった場合、どうなるのでしょうか。

幕末に井伊直弼《いいなおすけ》という人がいました。ペリーが浦賀に来航して以降、老中会議で開国か鎖国かで議論が交わされました。しかし、議論では国家の大方針がまとまらなかったので、将軍に抜擢《ばってき》されて、井伊直弼は大老の権限で開国（日米修好通商条約）を決断したわけです。当時は不平等条約という問題はありましたが、今のわれわれもその開国政策の延長線上にいます。そういう視点で百年、二百年の単位で見れば、井伊直弼の決断は正しかったわけです。しかし、正しかったかからどうなったかというと、ご存じのように桜田門外で暗殺されたのです。

その時に、天皇の勅許《ちょっきょ》を得ずして、なぜ決めたのか、つまり天皇の命令・許可を受けないで、なぜ決めたんだ、と糾弾されました。しかし、その勅許というのは実は口実であって、要するに、みんなで話し合って、なぜ決めなかったのか、ということだったのだと思います。しかし、話し合っていても決まらないから、臨時職の大老が出てきたわけでしょう。

だから、日本というのは、絶対権力が存在してはいけない国なのです。そう言うと、たとえば天皇はどうなのだ、ということになります。明治の大日本帝国憲法下における天皇は、三権の上にいて超越的な存在ではないかというふうに思っている人は多いでしょう。

これは、戦後マルクス主義史観が盛んになって「天皇は悪い奴《やつ》だ」ということになりましたので、その意味からもよく言われたことですが、ちょっと考えてみればわかります。

日本が中国との戦争にのめり込んでいったきっかけは、満州事変です。でも、「事変」という言葉に疑問を感じたことはありませんか。昔は戦争のことを事変と言ったのではありません。というのは、アメリカとの戦争は、当時の言葉で大東亜戦争とちゃんと言っているのです。要するに、日本は昭和十六年（一九四一年）にアメリカと開戦したわけですが、それまでは中国と戦っていました。したがって、中国とアメリカという世界の二大大国と戦っているわけです。

そこにおいて、実は中国との戦争は「事変」と言い、アメリカとの戦争は「戦争」と言っているのです。なんでそんなことをするのでしょうか。「事変」というのを大きな辞書で引きますと、だいたい「国家間の宣戦布告なき武力行為」というようなことが書いてあります。

では、満州事変が起きた昭和初期、事変というのはそういう意味があったのかと辞書を引くと、明治期に編纂《へんさん》された『言海』などを引いてみましたが、そんな意味は載っていません。「事変は変事に同じ。変事とは英語でいうアクシデントである」とあります。要するに「事件」です。ですから、「満州事変」は、実は「満州事件」なのです。

ノモンハン事件（ソビエト軍と日本軍の実質的戦争）というのもありました。なんでこれは「事件」かというと、要するに国家が正式な宣戦布告をしていないのに、戦争をしているということでしょう。

ということは、事変はどういうことかというと、社長の言うことを聞かないで部下が勝手に、会社がつぶれるか、つぶれないかの社運に関わるようなプロジェクトを実行しているということです。そのようなことは普通の国だったらできないわけです。しかし、日本ではできてしまうのです。なぜできてしまうかというと、本当の意味での絶対権力が存在しないからです。

戦後の日本では、よく軍部の横暴によって滅んだとか言われます。では、その軍部とはいったい何なんでしょう。これは、戦前から生きていた方ならおわかりのように、軍部というのは、政治機関として基本的には内閣の中にある陸軍省と海軍省に付属します。

したがって、今で言えば省庁です。海軍大臣、陸軍大臣と、大臣もちゃんといるわけです。統帥権とかいろいろなマジックはありましたけれども、海軍大臣、陸軍大臣は基本的には、内閣総理大臣の言うことは聞かなければいけないはずです。だから、部下が勝手にやった満州事変なんか起こるわけはないのです。

ノモンハン事件も同じです。首謀者は参謀本部の辻政信という少佐ですが、ボロボロに負けたのです。どれくらい負けたかというと致死率（戦死率）七五％という説すらありました。これは、もの凄《すご》い数で、近代的な戦闘ではまずあり得ない数です。近代的戦闘だったらこっちもピストルを持っているし、鉄のヘルメットもかぶっているわけですから、そう簡単には死なないものですが、七五％もやられました。

結局、ソ連の戦車部隊に対して日本の歩兵が竹槍《たけやり》に近いような武器で戦ってボロボロに負けた（日本兵は悪条件の中でよく戦ったということは証明されている）、ということを実は隠したのです。隠して、辻政信はまた太平洋戦争でも同じようなことをやっているのです。それも拡大版をやっているわけです。

そういうことができるというのは、結局日本に本当の意味での絶対権力が、みんな「ある」と思っているのだけれど、実は「ない」からなのです。

日本はなぜ稟議書社会なのか

私がこういうことを言うと天皇を庇《かば》っているとか言われますので、他の例で紹介してみましょう。

皆さんが所属される団体であれ、役所であれ、会社であれ、学校であれ、日本の社会には稟議書《りんぎしょ》というのがあります。たとえば、今度、○○市で市民大学講座を開催することになり、「講師には井沢元彦先生を呼ぼう」ということが書いてあるとします。その下に、市長、助役、監査役、部長、課長、主任、担当者のハンコを捺《お》す欄があります。

なんでこんなにハンコを捺す欄があるのでしょうか。たとえばもし、これを呼ぶのが広報部の仕事であったら、要するに市長が何もかも一人でやるわけにいかないので、広報部長がいるわけです。職務分掌という言葉がありますが、権限を委譲しているわけでしょう。だったら、部長が決めればいいわけではないでしょうか。堅苦しい言い方をすれば、「わたくしは○○市長から権限を委任された、広報部長であります。わたくしは○○市長から委任された権限によって、今度の市民大学講座の講師を井沢元彦氏と決めさせていただきました」とすればいいのです。上司に報告し、部下には「井沢元彦氏にお願いしてみて」と命令すればいいわけではないでしょうか。

しかし、それをやったら日本では何と言われますか。「ワンマン部長」と言われませんか。ワンマンとは元は英語ですが、日本では悪い意味でしょう。なぜ悪いか。一人で決めるからで、一人で決めたことは正しくないし、うまくいかないからです。

では、どうすればいいのかというと、稟議書を回せばいいわけです。「このように決めさせていただきたいのですが、いかがなもんでしょうか」と言って、みんなに回して、みんながハンコを捺せば成立するわけです。

これは結局、何だと思いますか。模擬的話し合いでしょう。いちいち人を集めて、市長以下をそろえて会議を開いていたら時間がいくらあっても足りませんから、紙の上で会議をしているわけです。「みんなでハンコを捺した」ということは、「みんなで決めた」ということです。

では、この稟議書社会の持つ欠点は、もう皆さんが今、日常的に感じていることでしょう。まず第一に、決定が遅い。みんながハンコを捺すため、一人でもハンコを捺さなければ、物事が進まないわけですから、決定が著しく遅いのです。しかし、これから申し上げることに比べれば、その問題は大したことではありません。

井沢元彦を講師に呼ぶ程度のことだったらいいのですが、たとえば、汚職事件を起こしてしまった、検察庁の手入れが入る、ということになったらどうしますか。みんながハンコを捺しているということは、それを承認したということですから、みんなに責任があるということです。すると、どうなるか……。

恐ろしいことに「これはなかったことにしよう」ということになるのです。みんながハンコを捺している社会というのは責任が問いにくいのです。これはみんながが悪いんだということになります。太平洋戦争について言えば、「一億総懺《ざん》悔《げ》」（戦争責任は国民全体にあるから国民全員が反省するべきだという主張）というわけです。

でも、一億総懺悔という発想が、なぜ出てくるのでしょうか。それは責任の取らせ方が明確ではないからです。昭和天皇がすべて悪いんだ、と話をつけてしまえば、それは簡単です。簡単ですけれども、昔、天皇制無責任体制という言葉がありました。要するに、軍隊も何もかも天皇の命令で確かに動いているわけですが、大日本帝国憲法、つまり旧憲法においては天皇の責任は問えないことになっているのです。いつの間にか責任者は蒸発してしまっているわけです。

では、戦前の人間は馬鹿だな、と言っていいのでしょうか。今の日本はそうではないのかと思ったら、実は今も日本はそうなのです。

わかりやすい例でいきますと、日本の上空に、未確認飛行物体が侵入すれば、普通はスクランブルをします。でも、今のスクランブルは撃ってはいけなくて、脅すだけなのです。スクランブルというのは自衛隊の緊急発進で、国籍不明機が進入してきたら、ちらちら回りを飛んで脅かして、立ち去らせるわけです。

あるいは、外国の軍隊が日本海側に上陸してきたとします。さあ、どうするか。実は総理大臣からは自衛隊に緊急出動の命令を下せず、閣議を召集するのです。あるいは、本当にちゃんと自衛隊の防衛出動を正規の手続きでやろうと思ったら、国会を召集しないといけない。それは、なぜか。一人で決めたことは正しくないからです。だから、今でも本当にそうなっているのです（最近は一部改正された）。

現在の日本国憲法と大日本帝国憲法は全然違う、と思っている人が多いのですが、少なくとも憲法十七条の原則を踏み外してはいない、という点では、戦前も戦後もまったく同じなのです。それが今の日本の社会なのです。

要するに、物事を決めるに際して、スパッと決めればいいものを、日本では「ワンマン」と言われるものですから、どうするかというと、有力者のところに行って、いろいろ話を通すなど、ちょうど稟議書にハンコをもらうような手続きが必要なのです。これを「根回し」というのです。根回しをやらないと、日本では物事がうまくいかない。なぜかというと、すべては憲法十七条の第一条にそれが定められているからなのです。

国譲り神話でわかる日本人の固有思想

ちなみに、その、話し合いで物事を決めるべしというのは、聖徳太子が言ったからそうなったわけではありません。実は憲法十七条が制定された六〇四年、七世紀初頭の時点ですでにそうなのです。

では、いつ頃から始まったことなのでしょうか。憲法十七条の制定からさらに遡《さかのぼ》っていきますと、『古事記』にある国譲《くにゆず》りという神話にまで及びます。どういう神話かというと、簡単に言えば、日本の正統なる支配者は天皇家であると主張した話です。

ただし神話では、天皇家はずっとここにいたのではなく、高天原《たかまがはら》というところにいました。天皇家が支配する前の日本は、出雲のオオクニヌシ（大国主神）という、今風に言えば先住民族の王と言ってもいいのではないかと思いますが、そのオオクニヌシが支配するところだったのです。

ところが、その高天原の主神で、天皇家の祖神でもあるアマテラス（天照大神）は自分の孫（天孫）であるニニギノミコト（瓊瓊杵尊）に、その日本を与えたいがために、オオクニヌシのところに使者を送って、いきなり「国を譲りなさい」と交渉したのです。

これは、とんでもない話です。神話だからなんかノホホンと聞こえますが、たとえば、皆さんがお住まいになっている持ち家やマンションに、見たこともないお婆《ばあ》さんの使いが来て、「うちの孫が明日から住むことになったから、あんた出ていけ」というようなことです。当然、そんなことは受け入れられないですし、国家間であれば、戦争になるはずです。

しかし、神話には何と書いてあるかといいますと、まずオオクニヌシは「息子の意見を聞いてくれ」と言ったのです。オオクニヌシというからには最高権力者です。でも、一人で決められず、息子の意見をちゃんと聞かなければいけないのです。

息子は二人いて、一人は、コトシロヌシ（事代主神）です。この方は、「とんでもない」と言って抗議の自殺をしました。もう一人は、タケミナカタ（建御名方神）といいます。タケミナカタは、武力抵抗しましたが、負けて追いやられて、結局、長野県の諏訪湖のほとりの諏訪大社というところに封じ込められてしまいました。

では、オオクニヌシはどう言ったか。「わかりました。それでは、国を譲りましょう。その代わりに、ものすごく大きな神殿に私を祀《まつ》ってください」と言って国を譲ったのです。その祀られている神殿が出雲大社です。

つまり、「日本は、アマテラスの子孫たる天皇のものである」というのが神話での立場です。では、なぜ日本の正統な所有者、支配者が天皇家なのかというと、それはオオクニヌシとの〝話し合い〟で譲られたからなのです。戦争で取ったわけではないのです。実際には戦争で国を取ったのだと思いますが、神話の中では、「〝話し合い〟で譲られたから正しいのだ」と主張しているわけです。

つまり、神話はすべて信じられない話であるというようなことを言う人もいますが、私は神話というのは当時の人たちが何を理想にしていたかがわかる、という点で貴重な史料だと思います。実際はそうではなかったにしてもです。

たとえば、忠犬ハチ公の話があります。忠犬ハチ公のことをいうと、旦那さんが死んだあと、奥さんが犬嫌いで、追っ払ったものですから、渋谷駅に住みつい

出雲大社

ていたそうです。駅の人から焼き鳥とかいろいろもらっていたというのが真相らしいのです。
ところが、軍国主義ということもありますし、それに対して当時の人たちは、天皇に対する忠義を尽くさなければいけないということもありますので、「見よ、犬ですら三日以上飼われたら恩を忘れないではないか、われわれ日本人はやはり忠義を尽くさねばいけない」と利用したわけです。
つまり、実際のハチ公に対して、こうあってほしかったハチ公の理想像というものが投影されているようです。
同じように、実際にはオオクニヌシ

とアマテラスはさんざん戦争をしたのだろうけれども、戦争をして相手から奪ったから正しいんだ、という言い方は天皇家はしていないのです。前の持ち主とちゃんと話し合いで譲られたから正しい、と言っているわけです。

つまり、それは憲法十七条の通りなのです。話し合いで譲られたものだから正しいし、うまくいっているわけです。オオクニヌシの側から見ても、オオクニヌシは決して一人で物事を決めていない、みんなと相談して決めている、だから、その決断は正しいのです。憲法十七条は、もう古代から現代まで全部つながっているわけです。だから、これはやはり日本人の固有思想なのです。

ちなみに、明治維新の根本精神を述べた「五箇條の御誓文」でも、第一条は「広ク会議ヲ興シ、万機公論ニ決スヘシ」としています。つまり、これも「話し合いで決めよ」ということです。

聖徳太子は怨霊か

もう一つ、聖徳太子の聖徳という号の問題があります。

梅原猛先生が言い出したことですが、まず徳というのは、儒教の中で一番最大の徳目で、素晴らしい理想です。儒教の最大の理想は「徳」なのです。

普通、その「徳」がつく号を持つ王様というのは、立派なことをした王様ということになっているはずです。現実問題として、日本の神話の皇統譜（天皇の系図）も、たとえば聖徳太子より前には、有名な仁徳《にんとく》天皇という方がいます。

仁徳天皇というのは、すべての課税、労役を免除して民の苦しみを取り除き、三年後、「民の竈《かまど》は賑《にぎ》わいにけり」、要するに「民家からは煙がたちのぼり、民のかまども豊かに栄えている」と述べたという、「徳」のある天皇だ、ということです。

そのずっと前の天皇ですと、神武《じんむ》、綏靖《すいぜい》、安寧《あんねい》、懿徳《いとく》……の懿徳天皇という天皇がいます。それらの天皇は確かに徳があった人のようなのですが、問題は聖徳太子より後の天皇です。

聖徳太子より後の「徳」のつく天皇の生前は、「〇徳」とは呼ばれていません。一般に天皇が亡くなった後に、その人の業績とか、功績を鑑《かんが》みて、あとから学者や宮廷関係者が、あの方は「〇〇天皇」でした、と決めていたのです。聖徳太子以後の○徳天皇については、次ページの表を見て下さい。みんなろくな死に方をしていません。

一番ひどいのが、崇徳《すとく》天皇です。結局、兄弟喧嘩《げんか》で島流しにされて、「朕《ちん》は、天皇家に呪いをかけてやるんだ、ぶっ潰すんだ」と言って死ぬわけです。その後の順徳さんも同じです。安徳天皇は、平家が壇ノ浦の戦いで滅んだときに、平清盛の妻だった二位の尼（時子）に抱かれたまま、海中に沈んでいった、あの幼子の天皇です。

要するに、みんな徳のある人ではないのです。不幸な死に方をした天皇ばっかりなのです。聖徳太子以前はそうではなく、聖徳太子以後はそうだ、ということはどう考えればいいのでしょうか。「徳」のついた人は、偉い人であったかもしれないけれども、不幸な死に方をした人ではないか、ということが思い浮かびます。

昔の考え方でいうと、不幸な死に方をした人は、讃《たた》えて呼ぶはずです。そうしないと怨霊となって怖いからです。たとえば、昔あった、新聞記者の習慣ですが、水死した女の人は全部美人、「また美人の水死体があがる」と書くことが多

●「徳」のつく天皇

天皇諡号	代数	現世への不満	死の状況
孝徳	36	皇太子(中大兄皇子)に妻を奪われ旧都に置きざりにされる	家臣に放置されて旧都で孤独死
称徳	48	弓削道鏡を天皇にしようとするが急死して果たせず	病死だが、暗殺説あり
文徳	55	最愛の第一皇子(惟喬親王)を皇太子にできず死亡	発病後わずか4日で急死
崇徳	75	政権奪回のため乱(保元の乱)を起こすが敗北し讃岐へ流罪となる	「天皇家を没落させる」と呪いをかけて憤死
安徳	81	平家の血を引く幼帝。わずか8歳で源氏に追われ一族もろとも滅亡	二位の尼に抱かれ海中へ投身自殺
順徳	84	武家政権を打倒するため父と共に挙兵するが敗れ佐渡へ流罪となる	流罪地で、都への帰還を切望しながら憤死

くありました。水死体というのは、ぶくぶくに水ぶくれのように膨れ上がっていて生前の美貌なんて絶対わからないはずです。それでも美人と書くわけです。そういう意味でいうと今も昔も同じです。つまり、不幸な死に方をしたから、「徳」なのです。

実は、この表に一人載っていない人がいます。一番最後の順徳の後にもう一人、「徳」の字のつく天皇がいたのです。その方を顕徳《けんとく》天皇と言います。聞いたことがあるでしょうか。ないと思います。なぜなら、顕徳天皇は今は別の呼び方をするからです。

徳を顕《あらわ》す天皇だから、すごくいい名前

です。実は顕徳天皇は、後鳥羽《ごとば》天皇のことです。鎌倉幕府が成立したあとに、武士の世の中なんか許せん、とばかりに承久の乱を起こしました。そして鎌倉幕府の軍に敗れて、島流しになって死んだ天皇です。この天皇を、最初は「顕徳」と呼んでいたのです。

ところが、亡くなってから後も「顕徳」として呼んでいたのですが、祟《たた》りが鎮《しず》まらないというので、慌てて後鳥羽に変えたのです。ちなみに祟りが鎮まらないので神社にお祀りしました。

鶴岡八幡宮の末社にあたる新宮神社（今宮）で祀っています。要するに最初に顕徳天皇という名前をあげたのだけれども、どうも気に入らないらしく、さんざん暴れてしょうがないので、後鳥羽にしたということなのです。だけど、後鳥羽というのは、鳥羽天皇の後を継ぐものという意味なので、それほどいい名前ではありませんん。「徳を顕す」のですから、顕徳のほうがずっといい名前ではないでしょうか。聖徳並みにいい名前です。

それなのに、なぜ「顕徳」がいけないのかというと、結局、当時の人はこれはあんまりいい名前だと思っていなかった、ということでしょう。つまり、「徳」

の字のつく天皇というのは、不幸な死に方をして志を遂げられなかった人ばっかりである。だから、むしろあの人はいい人だったのだ、立派な人だったのだ、ということで号を贈ったということだと思います。

では、聖徳太子の一番の問題は、何だったのかといいますと、聖徳太子は「太子」ですが、今まで述べたのは全員天皇の話です。日本の皇太子で、聖徳という「徳」のつく号を贈られている皇太子は、聖徳太子だけなのです。

それは、天皇になれなかったからではないでしょうか。天皇になる前に死んでしまったということではないでしょうか。誰がどう見てもこの人は天皇にふさわしい見識と力量を持っていた人なのに、天皇になれずに結局その前に死んでしまったわけです。だから「聖徳太子」なのではないかと思います。

もちろん、この後の安徳天皇のように、ただ単に気の毒な死に方をした、というだけではなくて、実際問題として、憲法十七条を書いたり、遣隋使を送ったりするような立派な皇太子であったからこそ、「聖」という字が入っているのだと思います。ですが、「聖」「徳」とものすごくいい名前がついた根本には、志を遂げられずに死んだことが、その原因としてあるのだと思います。

つまりこの考え方というのは、「徳」という字を使っているから儒教だと思うのではなく、怨霊鎮魂であるということ。すなわち、日本古来の思想です。

怨霊信仰の始まりは、ちょうど十世紀の九〇〇年代冒頭、菅原道真の怨霊騒動が起きたあたりだとよく言われますが、のちに説明しますように、もっと遡って奈良の大仏を建てた理念もそうですし、今回ご紹介した憲法十七条をものすごく大切にするのも、結局、怨霊信仰の裏返しであると、私は結論づけたいと思います。

第二章

祟りへの恐れが生んだ「和」という同調圧力

怨霊信仰は日本人の固有思想

神話には今を読み解くヒントがある

私は早稲田大学の法学部を卒業いたしまして、TBS（東京放送）という所に入りました。社会部に数年いた後、政治部記者を担当したのですが、その時に日本の政治というものの最前線にちょっと触れるようなことができたわけです。

当時の総理大臣は鈴木善幸さんだったのですが、この人の座右の銘が「和」でした。自民党総裁選を私は取材していたのですが、非常に印象に残った言葉があります。「総裁を決めるにあたって、選挙で決めればいいではないかと、どうしてそうしないのだ」という話があったのですが、そのことに関して、勇ましいことを言っているような先生たちが「いや、君、選挙をやると怨念が残るからダメなんだよ」と言うのです。その根本としてあるのは、選挙も〝争い〟であるという発想です。

争いを避けるために、選挙はやめましょうということです。だから話し合いでいきましょうということになるのですが、では、それは一体どこから来ているのかということを、私は日本の歴史の中で探っていったわけです。

そう見ていくと、話し合いで物事を決めることをはっきり言っていた人が、先述した聖徳太子です。もう一度繰り返しますが、憲法十七条の第一条の、「和を以て貴しとなす」は「喧嘩や争いはするな、諍《いさか》いはするな」という意味です。その続きは、現代語で言いますと「重大な事柄は一人で決定してはならない。必ず多くの人びとともに議論すべきである」と書いています。

そもそもその「和」がどうして生まれてきたのかということなのですが、話し合いで物事を決しないと怨念が生じるからダメだということです。

怨念とは人の恨みです。その恨みが死んだ人間によって起こされたことを、われわれは祟《たた》りと言っているわけですが、どうも祟りを恐れる心理が、日本人には古来あるのではないかと思います。

ただ、ここで一言申し上げておきたいのは、聖徳太子が「和を以て貴しとなせ」と言ったから「和」が日本人の原理になったのではなくて、聖徳太子は日本人を動かしている原理が何かということを探っていった結果、「和」であるということに気づいたのではないかということです。

つまり「和」というものの起源は、もっと古いということです。
「戦争」と「和」というのは、対立する概念ですから、「戦争」のことを考えれば「和」のことが自《おの》ずとわかってくるわけです。古代において日本人が戦争というものをどのように考えていたのか。それを考えると、第一章でも述べた神話までいくわけです。

神話というのは、まったくのウソデタラメだ、と言う人も昔はいましたが、私は必ずしもそうは思いません。何らかの事実の投影があると思っています。そっくりそのまま、それが真実ではないにしても、元になった話はあったというふうに考えています。

戦前、日本という国は天皇家が支配する神の国であるということになっていたわけですが、その天皇家が来る前には日本には先住民族がいました。その先住民族から天皇家の祖先が日本をどのようにして奪ったのかという、そのいわゆる征服戦争というものを探れば、何らかのヒントになると思ったのです。

なぜ負けた側の建物のほうが大きいのか

それを探ってみますと、初代と言われている神武天皇の時代には「神武東征」という戦争の話が実はあるのですが、それもよく見ますと、実際にはあまり死者が出ていません。そして、その前の話、第一章でも紹介した天孫降臨の神話があるわけです。つまり皇室の祖先神である女神、アマテラス（天照大神）の孫、ニニギノミコト（瓊瓊杵尊）が日本を支配すべき人であるというふうにアマテラスが決めてしまうのです。

ところが、実は日本は、先住民族と考えていいと思うのですが、オオクニヌシ（大国主神）が支配していました。オオクニヌシというのは私は称号だと思っています。それが先住民族の王者であったのでしょう。

先住民族の王であったオオクニヌシに対して天皇家の祖先は、「これは俺のものだぞ」ということを言ったわけです。普通それは戦争になるはずですが、それを神話ではオオクニヌシと天皇家の使者とが話し合いをして、最終的には戦争なしで、オオクニヌシがアマテラスの子孫であるニニギノミコトに、この日本を献上する、つまり国譲りという形で終わりました。

ここで大切なことは、神話というのが仮に後から書いたものだとしますと、当時オオクニヌシの国というのはもう滅びていたわけですから、どうにだって好き勝手に書けるはずです。

普通はあいつらは悪いやつで、俺たちは戦争に勝って相手を滅ぼしたのだという書き方をするわけです。ところが、そうではなくて話し合いでまとまったということにしてあるわけです。これは少なくとも古代の日本人も、話し合いの形で物事を収めるのが最上であるというふうに考えていたということです。だからこそ神話にもそう書いてあるのです。

しかし、講和条件がありました。重要なのは二つだと思います。一つは、アラワゴト、この現世の政治は全部、アマテラスの子孫、つまり天皇家がやる。オオクニヌシは何をやるかと言うと、カクリゴトをやりなさいということです。

カクリゴトというのは簡単に言うと、直接政治に関わりのない運命とか宿命とか、そういったものを支配するということです。政治の問題には一切関わらないという、つまり神様の仕事を二分したわけです。もう一つは、アマテラスの子孫はオオクニヌシのために大きな神殿を建ててお祀《まつ》りし、お仕えするということ。それが二大条件のうちのもう一つでした。

世界の歴史、民族、宗教と比べますと、こんなことは普通ではありません。具体的に言えば、敵の神殿を壊す、神像は叩《たた》き壊す、その宗教の資料は葬ってしまうということをやるわけです。ところが、日本ではアマテラスの子孫でも何でもない、神話の中では多少血縁関係があったように書いていますが、もともとは何の関係もなかったはずのオオクニヌシを大神殿で祀っているのです。

実は出雲大社が当時、日本一大きな建物であるということが、平安時代の書物に書かれています。「出雲太郎」は最高であるとあります。その二番目は何かというと「大和二郎」、三番目が「京三郎」です。

「出雲太郎」が出雲大社のことです。「大和二郎」とは東大寺の大仏殿で、「京三郎」とは京都の御所です。当時、大仏殿の高さは一五丈（約四五メートル）あったとされ、出雲大社はそれ以上の高さがあったとされます。伝承では、かつては一六丈（約四八メートル）だったと言われます。

ここでまたおかしなことが起こります。「大和二郎」に祀られているのは何かというと、聖武天皇が建立した奈良の東大寺の大仏です。そうしますと、奈良の大仏に入っている、象徴される宗教、つまり仏教よりも、出雲大社によって象徴される何かのほうが偉いということになってしまいます。最大の神殿に祀られるのはその国の最高の神様なのに、日本だけは負けた神様が祀ってあるわけです。

そして、その勝ったほうはどこにいるかというと、京都御所ですから「京三郎」です。つまり、勝ったほうは三番目に大きな建物に住んでいて、一番大きい建物に住んでいるのは負けたほうなのです。

どうしてこのようなおかしなことになるのかを考えてみますと、やはり怨霊信仰に行き着くと思います。「霊を祀るために大きな神殿を建てます」ということをもし守らなかったとしたら、オオクニヌシの祟りで、疫病が蔓延《まんえん》したり、天災が起こったりして、多くの人が死んで、大変なことになるという考え方があったのだと思います。

そこまで考えてきてようやくわかったのですが、偉大な人間が不幸な死に方をすると、あるいは怨念が渦巻く死に方をしたりすると、怨霊になるわけです。そ

●古代日本の巨大建築物の比較図

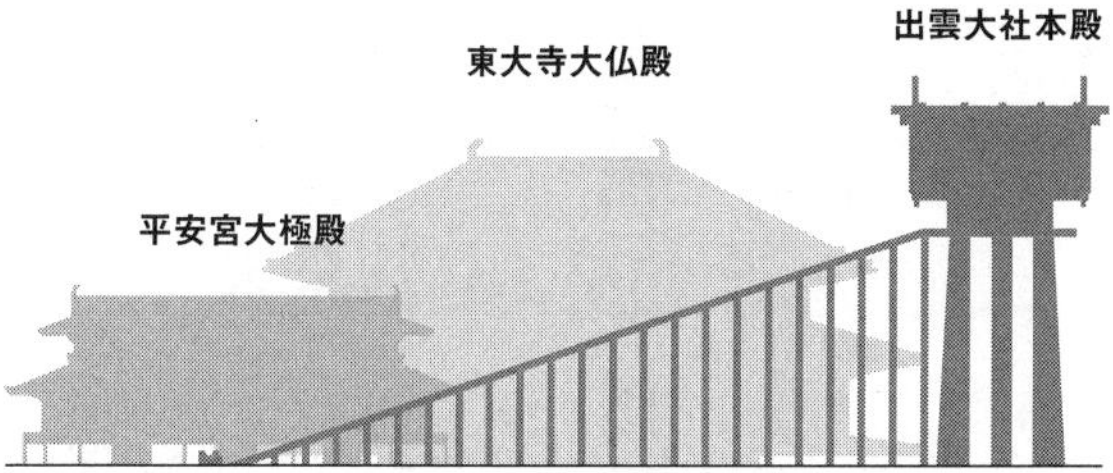

雲太・和二・京三シルエット（出雲大社本殿:福山敏男監修・大林組設計、東大寺大仏殿:山本栄吾「東大寺創建大仏殿復元私考」〈『日本建築学会論文報告書』第69号〉、平安宮大極殿:高橋康夫監修設計図面による）

れを避けるために、恨みが残らないように話し合いをするのです。それが「和」であるということになります。

なぜ「和」がこれほど重んじられるのか、その裏側にあるのは、怨念を発生させないということです。それが日本人にとって一番大切であるらしいということが、歴史を見ていくとわかったのです。

そこで、また話は憲法十七条に戻りますが、第一条は「和を以て貴しとなし」ですが、第二条は何かというと「篤く三宝を敬へ」です。三宝は三つの宝と書きますが、三宝とは仏・法・僧です。つまり、これは仏教です。第三条は「詔《みことのり》を承りては必ず謹め」、つまり詔というのは天皇の命令ですから、天皇の命令が出たら必ずそれに従わなければいけない。これは皇室に対する忠誠心を示しています。

ということになりますと、実はこの順番は、出雲大社、奈良の東大寺大仏殿、京都御所（平安宮大極殿）という建物の大きさの順番と同じなのです。

日本人の宗教概念というものには、実は仏教よりも、皇室に対する忠誠心よりも、そのもっと前に、「和」というものがあるのだというふうに考えたほうがいいのではないか、というのが私の結論です。

「和」と「輪」と「倭」は同じ

「和」というものが聖徳太子の時点で完全に定着しているということはわかりました。さらに遡ると、神話でもそういう「和」というものが貴いという考え方が、国譲りで示されているということもわかりました。さらに、その国譲り神話はどこまで遡れるかということです。

この辺になると、もうかなり大胆な仮説になってきますが、昔、中国は日本の

吉野ヶ里遺跡

ことを「倭《わ》」と書きました。これは何も関係ないのかなということをちょっと考えてみたいと思います。通説からいいますと、「倭」という字は、中国人が日本人を蔑《さげす》んだ名称です。

ここからは私のまったくの仮説ですが、佐賀県にある吉野ヶ里遺跡などの環濠《かんごう》集落を考えると「和」や「倭」の起源がわかるのです。環濠集落というのは、要するに集落の回りが輪のようになった濠《ほり》で囲まれている集落です。この「輪」を訓読みで読むと、「わ」です。中国の歴史書に書かれた「倭」は、この「わ」を表していたのだと思うのです。

大和朝廷による統一以前の小国家分立状態の国、それこそ吉野ヶ里クラスのものですが、それを日本語で「輪」と言っていたのではないかと私は思います。

つまり、日本の古語の中にこういう丸いものを「輪」と呼ぶ言葉がもともとあって、そのことから転じて国というものを「和（輪）」と言っていたのではないでしょうか。

そこで中国人が、「日本原住民は自分たちが住んでいる国のことを〝わ〟と言っている。だからあいつらは〝わ人〟なんだ」というふうに考えたのだと思います。

要するに、日本人は、この環濠集落の内部、つまり村の中のアイデンティティーを保つための共同原理として、「和」というものを重んじたのではないでしょうか。

当時の中国人が、日本の使者から「わ」と聞いて、中国語の中で同じ発音で一番近い字を持ってきたのが「倭」という漢字だったということです。

英語で「サークル」という言葉があります。それは、日本語で「輪」という意味です。輪っかの輪ですが、もう一つ、「人間の集団」という意味もあります。

「わ」というのは、もともと「輪っか」のことであり、広場のことであり、そして、それが転じて人間の集団という意味になるのです。

もう一つの特徴は、「和」というのは、あくまで日本人同士の原理で、同じ村の中の人間だけなのです。

この辺が弥生時代の戦争を考えるヒントになるのかもしれませんが、少なくとも同じ村同士、同じ国同士では、日本人というのは長い歴史の中で見ますと、できるだけ争い事はやめて、話し合いで済ませようというようなことをずっとやってきました。そして、何事も話し合いでいこうとしてきました。争い事や戦争を非常に嫌う民族だということです。

それなのに、その卑弥呼の時代の前、大和朝廷成立以前には、どうもそうではなかったようです。

むしろ小さい国に分かれていた頃は、頻繁に戦争をしていたような形跡がありました。それ以前にどうして争いが多かったのかはよくわかりません。中国の『魏志倭人伝』によれば、女王卑弥呼を立てて、争いは一時治まったようですが、詳細は謎のままです。

ですが、古代から日本人にとって、仏教や天皇よりも大切なのは、「和」であることは確かなのです。

第三章

独断専行のリーダーは許さない

乱世・平時におけるリーダーシップと意思決定

独断専行の末に殺された信長

日本人にはリーダーが育ちにくいとか、日本人はリーダーシップを取るのが苦手だと言われます。つまり、日本はリーダーシップが発揮しにくい国であるわけです。

今まで述べてきたように、およそ千四百年前、聖徳太子は憲法十七条を作りました。その第一条には、「和を以て貴しとなし」、そして最後の第十七条には、「事は独り断むべからず」と定められています。つまり、現代の言葉でいえば、他人と協調することが一番大切であり、独断で決めてはいけないと言い切っています。

リーダーとは、一人で決断する人のことです。正しい決断ができる人を選んで任せる。これがリーダーであり、リーダーシップであるはずです。ところが、日本ではそれが否定されているのです。

憲法十七条は一人で決断することを否定しています。談合は昔から日本人に受け継がれた土壌に生まれた文化ですから、この体質はなかなか直りません。

談合の反対は競争です。公共工事の入札は、一番札の業者が落札することになっています。競争において勝者は一人しかいないはずですが、談合では一番を順繰りに取り合うように、たった一人の勝者が出ないようにしているわけです。

日本の歴史上では、戦国時代に活躍した織田信長は、日本では珍しくリーダーシップを発揮した人と言えるでしょう。しかし、その織田信長は、最後に本能寺で明智光秀に殺されます。なぜ、このようなことになってしまったのでしょうか。

光秀は、現代の企業でいえば途中入社組で、コネなくして常務あるいは専務になったという感じでしょうか。長く織田氏に仕えていた柴田勝家や丹羽《にわ》長秀などと並び立つ重役の一人として、信長から大抜擢を受けています。だから信長は光秀が叛乱《はんらん》を起こすはずはないと思っていたのでしょう。

光秀は、天正十年（一五八二年）六月一日の深夜、丹波国（今の京都府亀岡市）にある亀山城から、中国地方で毛利氏と睨《にら》み合っていた羽柴秀吉への援軍目的で、出陣しました。しかし、六月二日未明、光秀は中国地方とは逆の方向の京都に向かい、本能寺に宿泊していた信長を急襲し、死に追いやりました。

光秀が信長を急襲した理由のひとつに日付が絡んでいます。この天正十年六月二日の夜が明けると、信長の三男である織田信孝の四国征伐軍が大坂を出港する予定でした。相手は四国の大部分を制圧した長宗我部元親《ちょうそかべもとちか》です。

長宗我部元親は土佐の国人領主のひとりでしたが、この人は大変な才能の持ち主で、どんどん領土を拡大して四国をほぼ統一し、本州に乗り出す勢いでした。もともと信長は長宗我部氏とは仲が良かったのですが、長宗我部氏の力が大きくなりすぎたため、長宗我部氏を討ち、四国を自分のものにしようという野望を抱いたわけです。

当時の習慣として、大名が外交をするときには、窓口となる申し次ぎの制度がありました。信長と長宗我部氏の間にあって、この役を務めていたのが明智光秀でした。阿波の三好家とのよしみは羽柴秀吉が取り持っていました。

光秀は長宗我部氏とのパイプを維持していたので、信長の急な方針変更に面目を潰された形になってしまいました。さらに光秀家臣団の家老であった斉藤利三《としみつ》の妹が信長の命によって、長宗我部元親に嫁いでいました。こうしたことが光秀の謀反《むほん》のひとつの理由として考えられています。そして、信長の死によって、出港は中止になったのです。

最大の利益を得たのは秀吉でしょう。次は長宗我部氏です。では、光秀の立場はどうだったのでしょうか。光秀は信長に抜擢され、いろいろと困難なプロジェクトを遂行してきました。ところが主君の信長は、光秀と親密な長宗我部氏を討つと言い出したわけです。光秀は、発作的に信長を討ってしまった。私は、これが本能寺の変の真相だと考えています。

信長はすべてにおいて独断専行の人間でした。しかし、日本ではそのように一人で決断する人は悪であったのです。

主君が何かをしようとした時に、これを止めるのは家老の役目です。しかし、先ほどの斉藤利三にしてみ

織田信長（長興寺〈豊田市〉所蔵／写真協力：豊田市郷土資料館）

れば、信長軍が大坂を出港すれば、自分の妹や自分の血を分けた甥が殺されてしまうし、信長は主君の光秀の努力を無にしてしまうだろう。これは許せない、と考えたのではないでしょうか。

専門の兵士軍団をつくり、天下統一へ

話はそれますが、歴史の科目を履修させない高校があったということが問題になったことがあります。私は日本と世界の歴史は必修であるべきで、とくに日本の歴史は大事にしてもらいたいと思っています。

ただ、現在の歴史教科書は、歴史学者の研究があまりにも狭い範囲の細切れになっているため、前後の繋《つな》がりが見えてこないという欠点があります。

たとえば、豊臣秀吉が晩年に朝鮮出兵を行いました。秀吉自身はこの計画を「唐入り《からいり》」と呼んでいました。

実は、この朝鮮出兵に関する、秀吉自身による計画書と呼べるものが残されています。それによると、天皇を北京に移し、秀吉自身は国際貿易港であった寧波《ニンポー》

に移ると書いてありました。歴史学者も一般の人も、秀吉は晩年になって誇大妄想になったのだと言いますが、それは間違いです。

秀吉が行ったことは、朝鮮半島の人には迷惑極まりないことだったのですが、世界の歴史上では、実はよくある話なのです。これは軍隊のあり方と関わってくる問題です。

では、信長や秀吉は、なぜ天下を取れたのでしょう。彼らの軍隊と長宗我部氏の軍隊を比べてみましょう。

長宗我部氏の兵は、「一領具足《いちりようぐそく》」と言われます。長宗我部の兵隊は普段は百姓です。田んぼに自分の槍を刺しておいて、その先に具足一領を結びつけておいていました。ご承知のように、鎧《よろい》の数え方は一領、二領です。普段、農業をしている者が戦争のときには駆り出されたわけです。

昔の農業ですから、その作業は大変です。農業は基幹産業であり、唯一の産業ですから、戦争に使えるような成年層を農業にはりつけておかないと、国は一年で滅びてしまいます。

ですから、武田信玄であろうが、長宗我部元親であろうが、田畑を耕さないで済むような家来は一割ほどしかおりません。殿様と上級武士以外は、普段は農作業をしているということになります。

ですから、農業が忙しいときには戦争はできません。戦争は刈り入れが終わってから始まるのです。

武田信玄と上杉謙信が川中島で五回も戦って決着がつかなかったのは、双方が名将で、互いに相譲らなかったからというのが定説ですが、実は決着をつけられるような余裕がなかったというのが真相でしょう。戦いは旧暦十月あたりから初雪が降る間までということになります。戦争は一年のうちの二カ月ないし、三カ月ほどしかできません。一年やれば決着はつくのでしょうが、名将同士であるだけに、時間の制約から、決着はつかないということです。

もうひとつ、無茶な戦術はとれないということも決着がつかない理由です。たとえ戦争に勝ったとしても、一万人の兵力のうち二〇〇〇人を失ったということになれば、実は敗北なのです。なぜなら二〇〇〇人分の農作業労働者が失われ、生産性がガタ落ちすることが明らかだからです。

では、信長と秀吉はなぜ天下を取れたのか、実は彼らは逆の発想をしました。

百姓が主体の兵ではなく、専門の兵隊をつくれば、一年中戦争ができるのではないかと考えたのです。山内一豊のような浪人でもいいし、武士の生まれではない者でもいい。こうした人間をお金でかき集めました。

では、そのお金はどうやって作ったのでしょうか。それは簡単に言いますと、楽市楽座のような新しい経済政策、つまり商売をすることで税収をあげて、お金を稼ぎました。そのお金であぶれている者を雇ってくるわけです。

しかし、こうした兵隊は、実際は強くはありません。秀吉はリーダーシップがあるので、彼の軍隊は逆境にも強いのですが、大坂で出港を待っていた信長の三男の信孝の軍隊は、信長の死を聞いて四散してしまいます。弱いのだけれども、武田信玄のような軍隊にも勝てた理由は、一年中稼動できるということにあるわけです。

信玄は晩年、病気で死期を悟ったとき、信長に一泡吹かせてやろうと京へ出陣しますが、その時期は刈り入れの終わった後でした。そして、まず信長と同盟を結んでいた徳川家康の浜松に攻め入りますが、浜松城を攻めないで通り過ぎてしまう。怒った家康が信玄を攻めましたが、返り討ちに遭い、ボロボロになったのが三方ヶ原の戦いです。

これは小雪が舞う中で戦われました。浜松城を攻めなかった理由のひとつは、早く京都にたどりついて、来年の田植えまでには兵を戻さなければならなかったからです。

信玄は領土が広くなっても本拠地を動かしませんでした。ところが信長は、まず尾張から始まり、小牧山を経て岐阜に移り、最終的には滋賀県の安土に移りました。後継者の秀吉も、尾張出身ながら最後は大坂に移りました。

なぜ信長と秀吉が移動できたかといえば、彼らの軍団は一年中稼動できる専門兵士だったからです。だから、信長は天下を取れたのです。

戦いが自己目的化する軍隊

さて、話を先ほどの「唐入り」（朝鮮出兵）に戻しますと、秀吉は天下を取って、めでたしめでたしであったのか。実はそうではなかったのです。天下を取った当座はよかったものの、後にはこれが逆作用を起こします。

日本に平和をもたらすには、逆説的に強い軍隊が必要でした。強い軍隊とは、いかなるものであるのか。それは優秀な兵士と強力な武器からなり、それを使いこなす強力なリーダーが必要です。

秀吉には強いリーダーシップがありました。秀吉は逆らう大名を倒し、天下を取りました。しかし、天下を取ったとたんに、強力な兵士が余ってしまったのです。この兵士は専門兵士であり、百姓兵士ではありませんでした。平和になれば、もう使い道がない。こうした兵士は少なく見積もっても二〇万人くらいはいたろうと思われます。兵士は仕事を求めます。それは具体的にいえば、戦争であり、功名を立てられる場所です。功名とは敵を倒すことです。戦死というリスクはありますが、戦争が続けば続くほど、兵士は潤うのです。

つまり、戦争をやめることができないのです。これは古くはアレキサンダーからチンギスカン、ナポレオン、すべてそういう状況にあったのです。天下太平が訪れたとき、最も優秀な指導者が勝ち残ります。同時に最強の軍団も残ります。アレキサンダーは、どんどん侵略を続けました。そうしないと、部下の気持ちが収まらなかったからです。

さて、現代の多くの歴史の本を見ると、秀吉の行ったことは愚挙であると書かれています。その理由は、こうした侵略の例は、世界史では多くあるのですが、日本では秀吉の例しかないからです。さらに言えば、みんなの話し合いで決めず、強力なリーダーシップを発揮して独断で決定したことも、秀吉が批判されたことのひとつでしょう。みんなで決めたことであったならば、秀吉だけが批判されることはなかったと思います。

また、倫理的な問題を別にすれば、こういう時、国外の領土を取ろうというのが、当時の常識でした。これが、秀吉は誇大妄想になっていたということに対する、私の反論のひとつです。

現在残っている史料を読んでみると、確かに秀吉の、この侵略に対してはマイナスの評価ばかりです。だから当時の人びとも、秀吉が誇大妄想だと思っていたというのは、歴史学者の考え違いなのです。

なぜならば、当時、成功を予測していた人びとは、その文書を隠そうとするでしょうし、もちろんマスコミなどない時代ですから、誤った予測文書などは残りにくい。だから、秀吉の戦争は失敗であったという史料しか残っておらず、歴史学者は、その史料のみを見て、秀吉は頭がおかしくなったなどと言いたがるわけでしょうが、実はそうではないのです。

朝鮮出兵に反対する者は、実は少数派だったのだと思います。膠着《こうちゃく》状態に陥り、撤兵することになってから、従軍した武将たちが「あれは賛成ではなかった」と言い出したのだと思います。

職種を転換して平和な時代にマッチング

実は、戦争が終結して専門兵士が必要でなくなったという状況は、その後も続きます。それを最終的に解決したのは徳川家康です。その方法はそんなに難しいことではありません。

たとえば、ある会社の、ある部門が儲《もう》かり、人員を増やしたのに、まったくの不採算部門になってしまった。ひとつの対策は人員削減ですが、これを行うと経営への風当たりが強くなる。そこで配置転換を行います。

家康は天下を取った後に、武士を削減するなどということはしていません。たとえば、馬まわり百石の者には帳簿付けや御殿の警備などをさせています。つまり、これは仕事の中身を変えた職種の転換でしょう。これは、大変うまくいきました。いや、うまくいきすぎたといってよいでしょう。

幕末に徳川十三代将軍家茂《いえもち》が、久しぶりに上洛することになりました。三代将軍以来、徳川家は京都に行っていなかったのです。

京都には攘夷《じょうい》の浪人、徳川家から見ればテロリストみたいなものがたくさんいるということで、将軍警護が必要になりました。

このとき、出羽（今の秋田県・山形県）の郷士（身分は武士で名字帯刀を許されているが、大名家から給料はもらっていない人たち）である清河八郎《きよかわはちろう》が、江戸には腕の立つ浪人がたくさんいるので、彼らを将軍護衛の任にあててはどうか、と幕府を口説きました。幕府もオーケーを出し、そこで浪士隊が結成されます。

ところが、清河八郎は京都に着くや、前言をひるがえして、浪士たちに勤王のさきがけとして働くことを求めたのです。これに反対して脱退したのが、近藤勇や土方歳三たちであり、その後に新選組となるわけです。

でも、この話はそもそもおかしいわけです。将軍の身が危ないから浪士隊を結

新選組の近藤勇（左）と土方歳三（右）

成するというのは、旗本を馬鹿にした話です。

旗本とは将軍の旗のもとに将軍様を護衛するのが役割でしょう。戦国時代も江戸時代初期も旗本はそれをやってきたのです。

ところが、幕末にいたって、一郷士が将軍の護衛のために浪人を雇ってはどうかと持ちかけ、幕府もオーケーを出した。つまり、幕府も旗本は役に立たないことはわかっていた、ということです。

もちろん、それではあんまりだというので、佐々木只三郎《ただざぶろう》などが見廻組《みまわりぐみ》を結成したりしますが、とにかく文句を言った旗本は誰もいません。つまり、徳川幕府約三百年の間に、いかに職種の転換が見事に行われたか、ということです。

徳川家康は、信長や秀吉のような独断専行の強引さが見られない、日本人好みのリーダーシップを発揮した人だと言えるでしょう。

乱世が求める独断専行のリーダー

ＮＨＫの大河ドラマで、一番の人気は戦国時代で、次が幕末だと言われます。これは乱世という、ヒーローを生む時代背景があるからでしょう。

しかし、平時においては、いろいろなことは出先機関に任せ、その調整だけを行うような人、つまり、談合の世話人のような人が、もて囃《はや》されます。こういう社会では強力なリーダーシップは嫌われる結果になることが多いのです。

しかし、企業においても稟議書《りんぎしょ》を回していては競争に勝てないというとき、ビジネスの最先端ではＣＥＯ（最高経営責任者）というものを置きます。ＣＥＯは経営実務の最高権限と責任を負っています。これは独裁者です。日本の社長は、どちらかといえば、取締役会の議長という性格が強く、取締役たちの話し合いに乗っかっている存在だと考えるとわかりやすいでしょう。

ＣＥＯは独裁者ともいえる存在ですから、一人で意思決定ができます。誰も逆らうことはできません。経営が危ないというとき、外国から人材を呼んできてＣＥＯにしたりします。日本企業のなかでは比較的、非日本的企業といわれるソニーも、ＣＥＯ制度を採用しています。

つまり、ＣＥＯの体制にしないと外国企業との競争に負けるということがあるため、ビジネスの世界では、ある程度、独裁を認めるようにはなってきています。

政治の世界では、元首相の小泉純一郎さんは独断専行型だったでしょう。小泉元首相は、自身でも信長が好きだと言っていました。

彼がもし本当に信長型であれば自民党を壊していたでしょうが、そこまではしませんでした。しかし、政策に反対する者に刺客を立てるなどという政治手法は、これまで考えられなかったことは確かです。小泉さんのような人が首相になることは、普通だったら考えられなかったことですが、やはり当時は乱世であったということかもしれません。

逆に日本人が考える理想的なリーダーというものを考えると、何らかの形で談合の形を取ることになるわけです。

歴史上の人物を眺めてみれば、坂本龍馬という人は、形にとらわれない人であったと思います。織田信長と違って、リーダーというよりは、コーディネーターという言葉のほうが正確かもしれません。

ところで、私たちが気づかねばならないのは、幕末の時代には電話もファックスもなかったということです。これは大変に重要なことなのです。

つまり、訪ねていく先にその人がいるかどうか事前に確かめるすべはなかった、ということです。交通手段は徒歩です。そういうなかで、龍馬は薩摩の西郷隆盛とも知り合い、長州の桂小五郎（木戸孝允）とも知り合っている。もちろん、勝海舟の協力があったり、みんな京都に集まっていたということはあるでしょうが、とにかく勘と足だけでコネを作っていく。これは私たちが想像できないくらいに大変なことであるわけです。

また、リーダーシップの話に戻ります。織田信長は若いときには、自分の意思を持ちながらも一応会議を開き、みんなに意見を述べさせて、自分の意見に近いものを採用するということをしていました。

リーダーシップを取るのが上手な人は、ガス抜きというか、みんなで話し合ったという形を取るようにします。最悪なのは、自分たちが無視されていると感じさせることです。彼らは話を聞いてはいないが、みんなに意見を言わせて、聞いてやっているような場を設ける手続きをします。話し合い絶対主義の日本では、これは絶対に必要なことです。

信長は晩年に、それをやらなくなります。それが原因で、ああいう最期を遂げることになったのだと思います。

乱世には、これまでのリーダーとは異なるリーダーが必要です。日本人が好む談合調整型のリーダーシップではなく、独断専行型のリーダーシップが必要となるのです。問題は、こうしたリーダーを日本人は感性的に好まないということでしょう。

これをどう調整するかということに、大きくは日本という国から、小さくは企業に至るまで、その命運がかかっています。日本人のメンタリティーをどう変えていくかが、日本人の課題として問われています。

第四章

戦争よりも乗っ取りを好む日本人

戦国時代も今も変わらない日本人の理想

M&Aはアメリカでは「戦争」、日本では「交渉」

M&Aとは企業の mergers and acquisitions（合併と買収）であり、いわゆる「企業乗っ取り」から「対等合併」まで、戦闘的なものから平和的なものまで、すべて含めた概念であることは、広く知られています。

しかし、同じM&Aでも、アメリカと日本ではかなりニュアンスの違いがあります。

そのために日本型M&Aという言葉さえ生まれたほどです。

何が「日本型」なのでしょうか。

様々な識者の見解を総合すると、アメリカ型は「正面切っての乗っ取り、買収」が多いのに対し、日本は「対等合併、営業権の（平和的）譲渡」という形が多いのです。

私なりに整理すれば、M&Aとはアメリカでは「戦争」ですが、日本では「（外交）交渉」と捉《とら》えています。いや、むしろ、そう思いたい、あるいは見せかけたい、という願望がある、と言ったほうが正確です。

なぜ、そういう傾向があるのか。これを探るために、戦国時代の歴史を振り返ってみましょう。

戦国時代は言うまでもなく、各地に割拠《かっきょ》する戦国大名が領国を取ったり取られたりしていた時代です。もちろん、そのために、ビジネス戦争ではなく、本当の戦争、つまり殺し合いをします。

逆に言えば、いかにビジネス戦争が苛烈になったとはいえ、表立って人が殺し合うことは今はないから昔のことは全然参考にならないかというと、これがまったく違います。

確かに、斬首（首と胴が離れる）と馘首《かくしゅ》（いわゆるクビ）とは違います。違うものの、「解雇」という点では同じことです。だから、その点を「割り引き」すれば参考になるのです。

「戦争」と「ビジネス戦争」でも同じことで、人間のやることは昔から大筋は変わらないのです。

戦国武将の中で最も戦闘的で「アメリカ的」だったのは織田信長です。では、正面切って「戦争型」の「国盗《くにと》り」ではなく、一種の「話し合い合併」のような形で領国を広げていったのは誰かといえば、中国地方を支配した戦国大名の毛利元就《もとなり》でした。

「戦争」ではなく、「乗っ取り」という手段

元就は、大名というには恥ずかしいほどの小豪族の次男として、明応六年(一四九七年)に生まれました。信長より三十七歳も年長です。戦国大名としては少し先輩に北条早雲(六十五歳年上)がいるくらいで、まだ下剋上《げこくじょう》の世は始まったばかりでした。

次男ですから大した財産はもらえません。いわゆる「部屋住み」のような身分で、毛利一族の主城郡山《こおりやま》城は兄興元《おきもと》のものとなり、元就は父の隠居城であった猿掛城という小城の城主に過ぎませんでした。

城主といっても大したことはありません。後の大坂城や名古屋城とは違って、いくつもある出城のうちの一つだったのです。身代は兄の三〇〇〇貫(貫高制、

石高では四〇〇〇石程度）に対して、わずか七五貫だったと言います。これだと五〇石にしかなりません。兄の興元のほうは三〇〇〇貫ではなく三〇〇貫だったという説もあり、これだと毛利一族は全体でも五〇〇〇石程度しか収入のない一族ということになります。

毛利元就（重要文化財・絹本著色毛利元就公画像／山口市・豊栄神社所蔵／写真提供・山口県立山口博物館）

ちなみに、江戸時代の大名なら、最低でも一万石です。大名以下の旗本でも「大身」ならば、三〇〇〇石以上はもらっています。あの「旗本退屈男　早乙女主水之介《もんどのすけ》」ですら一二〇〇石取りです。それを思えば、元就の身代がどの程度のものか想像がつくでしょう。

元就はこの境遇から、最終的には一〇〇万石を軽く超える中国一

○カ国の領主にまで出世したのです。

その第一歩が毛利本家の相続者となることでした。

元就の幸運の第一歩は、兄の興元が病気で早世したことです。跡継ぎの幸松丸はわずか二歳。ここで元就の最初のM＆Aが始まりました。

すなわち「本家乗っ取り」です。

もちろん、戦争を仕掛けて無理やり乗っ取るなどというバカなことは元就はしません。そんなことをする戦力もないし、第一そんな形で主家を奪っても、家来が心服しません。

元就は他家との戦争には積極的に出陣し、一門（親族）の信頼を集めました。つまり、「あの男は出来る男だ」と思わせたのです。

その上で、本家の重臣たちから「元就に後見人になってもらおう」という声があがります。そして、元就は本家の郡山城に入ります。そのうちに、幸松丸が病死します。こうして元就は、本家の相続人となって三〇〇〇貫の領地を継いだのです。

元就は「幸運」だったのでしょうか？

決してそうではありません。

証拠はありませんが、本家の重臣たちが元就に後見を望んだのも、元就自身が裏から手を回したためだし、幸松丸が「病死」したのも怪しい。というのは、これは確かな事実ですが、元就は幸松丸の母の父、つまり兄興元の義父でもある高橋久光の一族を「本家の言うことを聞かない」という理由で攻め滅ぼしているからです。これによって幸松丸は後ろ楯《うしろだて》を失って、本当の孤児になってしまったのです。

本家の言うことを聞かなかったのは、本当かもしれません。しかし、それは日毎《ひごと》に元就が本家での発言権を獲得し、幸松丸の地位が危なくなったからではないでしょうか。

今、伝えられている話は、すべて毛利が中国を平定してから、記録されたことです。元就の悪意が伝えられていないのではないでしょうか。

なぜそこまで言えるかというと、元就はこれ以後同じことを何度かやっており、それらが明らかに乗っ取りであるからです。

仕組まれたM&A

元就には多くの男子がありました。長男は早世しましたが、次男吉川《きつかわ》元春、三男小早川隆景はのちに毛利の「両川《りょうせん》」と呼ばれ、兄の遺児で本家を継いだ輝元を守り立てていくことになります。

では、なぜ元春や隆景が毛利姓でないかというと、ちょうど元就が本家に対してしたようなM&Aを、近隣の豪族であった吉川家、小早川家に対して行っているからです。

三男のほうが先でした。

小早川家は毛利家と同じくらいの身代で当主同士も仲が良かった。ところが当主の小早川正平は尼子《あまご》との戦いで命を落としてしまいます。後には盲目の又鶴丸という子が残りました。厳しい戦国の世です。近くに尼子氏という大勢力がある小早川家としては、目の不自由な子供を当主とするわけにはいきません。

ここで、小早川家では一族・重臣が和議して、つまり小早川家から願う形で元就の三男隆景を養子にもらい、当主としました。

このことに「たとえ障害があるといっても又鶴丸様はお血筋である。仮に養子を取るにしても同族の中から迎えるべきなのに、赤の他人を養子にするなど、とんでもない」という反対論を出した者が重臣の一部に出ました。

元就はどうしたか？

この連中を皆殺しにしました。文字通りクビを切ったのです。

作家海音寺潮五郎は言っています。「こんなことを家中で一人ならず数人の者が言ったというのは、この養子縁組みのそもそもにおいて、元就が相当手を入れて小早川家の一族や老臣らを籠絡《ろうらく》した疑いを抱かせるのに十分なものがある」（『武将列伝』文春文庫）――まさにその通りです。

これが次男の元春の場合は、もっと露骨です。

吉川家の当主は興経《おきつね》でした。ところが、家中に騒動が起こりました。興経が特定の家来をひいきするため、これに怒った譜代（先祖代々）の家臣たちが、その家来を抹殺してしまったのです。当然興経は怒ります。家中は、主君興経を支持する者と、それに反発する重臣たちでまっ二つに割れました。

そして、結局、重臣たちはとんでもない決意をしました。興経を隠居させてしまい、その後には元春を養子として迎え、当主と仰ぐというのです。

重臣たちは、元就にその旨を要請してきました。

元就は喜んでこれを受け、元春を派遣しました。

これは、今にたとえれば、重役たちが結束して取締役会で社長の解任を決議したということです。

そこまではわかります。実は戦国大名の家というのは、一門の長老や重臣が幅をきかせており、独裁というより合議制だったのです。

しかし、独裁だったところもあります。それは、織田信長や上杉謙信や武田信玄など、いわゆる戦国の英雄と呼ばれる人びとのところです。逆に言えば長老や重臣の余計な差し出口を排除したからこそ、彼らはあそこまでいけたのであって、普通の家では無理だったのです。

だから、「取締役会での社長解任」は珍しいことではあるにしても、絶無だったわけではありません。問題はその後です。

戦国大名の家は今で言えば「同族会社」のようなものだから、当主が解任されても、跡を継ぐのは一族の人間のはずなのです。

なぜ、赤の他人の毛利家の次男なのか。

そんなことを、なぜ吉川家の側から要請しなければならないのか。

この時も、死者が出ています。

興経の忠実な家臣で本城を預けられていた江田因幡守《いなばのかみ》父子は、城明け渡しを言われた時、「こんなことが許されるのか」とばかりに切腹しています。抗議の死です。

この件についても海音寺潮五郎は、吉川家の内紛を「元就が、巧《たく》みにあおり立てたのではないかという疑い」があると言っています。

そうに違いない。自然発生的に起こった解任劇なら、元就のところへ「おたくの元春君を下さい」などと言ってくる段取りになるはずがないからです。

以上、小早川・吉川両家で起こった「相続劇」は、元就の仕組んだM&Aであったことは間違いないのです。

そうであるがゆえに、第一の「相続劇」つまり元就の本家当主就任も、単なる偶然と幸運ではなく、意図的なM&Aであったと言ったほうが妥当だと考えられるのです。

文字通り「戦国時代」なのだから、相手を攻め滅ぼして領地を丸ごと頂くという方法もあります。

毛利は尼子氏と大内《おおうち》氏（後に陶《すえ》氏）という二大勢力に挟《はさ》まれていました。このうち西にあった陶氏は厳島《いつくしま》の戦いで滅ぼしました。これは正面切っての大戦《おおいくさ》であり、小が大を食うという点では、信長の桶狭間の戦いに匹敵するものです。

しかし、毛利はいざとなれば、それだけの戦闘力を持つ一族でありながら、小早川・吉川両家については戦争をせず「乗っ取り」で奪っているのです。しかも、それは実質的な「乗っ取り」でありながら、形の上では「相手側からの申し入れによる吸収合併」ということになっています。

しかも、今「吸収合併」と言いましたが、形の上では「吸収」ですらありません。あくまで日本的な再建に毛利側から「役員」が派遣されたという形です。

このあたりが、日本型M&Aの源流でしょう。

最初に述べたように、アメリカ型のM&Aは「弱肉強食」「正面切っての闘争」を辞しません。まさに「戦争」です。ところが、日本は実質的には「戦争」

でも、できるだけ「双方の合意」あるいは「相手側の意向」を尊重したという形をとるのです。「闘争」のニュアンスをできるだけ「壊す」、これが日本型M&Aというものではないでしょうか。

では、なぜそうなるのかについて、最後に考察しましょう。

日本型M&Aの源流とは？

実は日本型M&Aの源流は、戦国時代どころではありません。古代それも神代の昔に遡ります。

すでに述べたように、今から千四百年以上前に、聖徳太子が憲法十七条で「和を以て貴しとなす」と述べています。現代流で言えば「他人との協調こそ、最も大切な徳目である」ということです。逆に言えば「ケンカ」や「闘争」は絶対にいけないのです。

では、「闘争」の代わりに何をするかといえば「話し合い」です。憲法十七条は高校の教科書などでは一部しか引用されていないので、これは「上意下達」、つまり「上司の命令は絶対に聞け」という内容だと思っている人が多いでしょう。

とんでもない誤りです。全文（特に第一条と第十七条）を読んでみればわかりますが、聖徳太子は、「何事も話し合いで決めよ」と言っているのです。なぜ「話し合い」かといえば、和を保つためにはそれが最上だからです。

ただ一つ最後に重大な「事実」を指摘しておきます。

それは、神話によれば日本という国自体、日本型M&Aによって「乗っ取られ」た国だということです。

何度も述べましたが、これも「国譲り神話」なのです。日本は、アマテラス（天照大神）の子孫である天皇家が治める以前は、オオクニヌシ（大国主神）が支配する国でした。

ある日突然、アマテラスは自分の子孫のために、日本が欲しくなります。そこで使者を派遣してオオクニヌシに対し、「国を譲る」よう要求しました。

これに対して、オオクニヌシは息子たち（コトシロヌシとタケミナカタ）と相談の上、アマテラスに国を譲ることを決めました。

つまり、戦わずして国土と人民を献上しているのです。

これも実際は、アマテラスの「乗っ取り」でしょう。血と汗で築いてきた国家を「渡せ」と言われて、すんなり渡せるものではありません。

しかし、神話の上ではあくまで「双方の合意による平和的な吸収合併」という形になっているのです。

つまりは日本人がそれを理想だと思ったからこそ、おそらく実体は違ったにもかかわらず、そういうオハナシが作られたのです。

毛利元就や国譲りの話からわかるように、日本人はとにかく「おだやかに話し合う」ことが大好きな民族なのです。

第五章

「汚れ」と「ケガレ」は何が違うのか

外国人には理解しがたい日本人の宗教観

作られた差別

本章では「ケガレと日本人」というテーマで、歴史的な視点から見て、日本人にとって差別というものはどういうものか、差別の根源といったものはどこにあるのか、ということについて、私なりの考察をお話ししたいと思います。

さて、日本には部落問題、同和問題、被差別部落民という言葉があります。簡単に部落民と略しますが、部落に対する差別は、世界のレベルから見ても極めて悪質なものであって、おそらくほかの国に類を見ないものではないかということが言えます。

なぜ、そういうことが言えるかというと、たとえば、大分県と大分県同和問題啓発推進協議会（現在、大分県人権教育・啓発推進協議会）が出した「同和問題の現況」という小冊子が私の手元にあります。西日本新聞社顧問の稲積謙次郎さんの講演をまとめたものですが、その方がこういう体験をされています。

北九州市で人権問題の国際シンポジウムが開かれたときに、ドイツとオーストラリアから著名な人権学者が来た。この人たちに日本の同和問題をどう表現するかということを聞いたら、「Douwa Problem」「Buraku Problem」、つまり日本語そのままに、「Douwa Problem」と訳している。それは、なぜかということなのです。

もし外国に類似のものがあるならば、たとえば椅子をchairと言うように、あるいは机をdeskと言うように、適当な訳語があるはずなのですが、日本の同和問題というのはほかに類を見ないので言い替えられない。つまり、その国の言葉にない、または英語に入っていないということなのです。

それで稲積さんは、シンポジウムが終わってから二人の先生に、「なぜ同和問題が外国人に理解されないのですか」と尋ねたわけです。そしたら、「ミスター稲積、ならば聞きますが、あなたと部落の人といったいどこが違うんですか」と言われたそうです。

これは非常に重要なことで、外国にも確かに差別問題というのはあるのですが、外国の差別というものは、たとえば人種とか、宗教とかに基づくもので、なぜ差別が起こるかということが、第三者の目にはっきりわかるものなのです。

宗教というのは、確かにその人に聞いてみないとわからないかもしれませんが、宗教による風俗というのは見た目に違います。たとえば、イスラム教徒の独特の風俗というのはありますし、ヒンズー教徒やイスラム教徒にも宗教に基づく独特の風俗がありますから、少なくとも外見上でわかる部分もあります。ましてや肌の色の違い、人種の違いであったら一目でわかります。

つまり外国の差別というのは、お互いに違いがあって、その違いを認めないということなのです。本来ならば言葉が違っても、宗教が違っても、肌の色が違っても同格であるというのが民主主義の基本的な思想です。

しかし、肌の色が違う、あいつらは下等な人種だとか、俺たちとは違うというふうに、その違いを認めない。正確に言うと、違いがあることによって差別するというのが外国の差別の基本形なのです。

ところが、日本の場合は、差別する側と差別される側にまず人種的な違いがまったくありません。宗教的な違いも、少なくともあるようには外国人の学者には見えないということなのです。差別としては一番悪質だ、というのはそういう意味なのです。

たとえば白人と黒人がいて、なかなか相容《あいい》れないというのは、もちろんそれを差別という形にしてはいけないのですが、肌の色が違うからなんとなく違和感があるということはわかります。キリスト教徒とイスラム教徒の対立にしても、考え方が違う部分があって、それで揉《も》めるということはわかります。日本人の場合、顔の色も変わらない、肌の色も変わらない、言葉も違わない、なぜ差別するのだということになるわけです。

それについて、稲積さんは「これは作られた差別だ。もともとはなかったけれども、社会制度や政治制度あるいは政策によって作られた差別だ」というふうに考えているわけです。それは決して間違いとは言えないのです。

「汚れ」と「穢れ」

日本の部落差別は、特に江戸時代に強化されました。それは江戸幕府が政策的にやったことですが、では差別というのは政策的にできるものかというと、私は違うと思います。

やはりそこには、ちょうどアメリカにおける差別の根源である肌の色の違い、あるいはヨーロッパにおける差別の根源である宗教の違いのような、何らかの違いがあるのだということです。その何らかの違いを、われわれは差別する側と差別される側に認めているのだと、私はだんだん気づいてきたわけです。それは何かということが、本章の中心テーマである、「ケガレ」ということなのです。

ケガレというのはどういうものか、ということをちょっとお話ししたいと思います。ケガレに似た言葉で「よごれ」というのがあります。よごれは、普通「汚れ」という字を書きます。ケガレは漢字で書きますと「穢《けが》れ」です。

実は、「汚」と「穢」は違います。どう違うかというと、一番簡単な言い方で言いますと、汚れは石鹸《せっけん》で落ちるけれど、穢れは石鹸では落ちない。つまり汚れというのは、たとえば服が汚れているような目に見える物理的汚れですから、石鹸で消えます。ところが石鹸で洗おうが、熱湯消毒や紫外線消毒しようが、絶対に消えない汚れというものを日本人は感じているのです。

たとえば、皆さんが自宅に帰ると、自分専用の歯ブラシがあると思います。家族が五人いるとして全員が自分の歯ブラシを持っていませんか。コップなんかに五本無造作に歯ブラシが突き刺してあって、誰でも勝手に使っているという家庭はあんまりないと思います。

仮にその自分の歯ブラシをなくしてしまったときに、父親が娘さんに、「娘よ、これは私が二十年使った歯ブラシで非常に具合が良いからお前にやる。明日から使いなさい」と言っても、「はい、ありがとうございます」と言う日本人はあまりいないと思います。「嫌だ」と言うと思います。「この歯ブラシは本当に具合が良いんだ。お前が使うから俺はちゃんと熱湯消毒して、そのうえ紫外線消毒までして除菌クリーナーで拭《ふ》いた。もう全然汚れはないんだよ、だから使え」と言っても嫌でしょう。なぜ嫌なんだと言われたときに、最後に出てくる言葉が「きたない」ということです。

しかし、先ほども述べたように、熱湯消毒したらほとんどの雑菌と汚れは消えますし、あるいはその上に紫外線消毒して、あるいは除菌クリーナーで拭いたりすれば、いわゆる本当の意味での物理的な汚れは、九九・九％は落ちるはずです。ほとんどもうないのと同じはずなのですが、日本人はそれでも嫌でしょう。何かがまだ付いていると感じるのです。つまり、その人間の独特の垢《あか》みたいなものがあると感じる。それが「穢れ」ということです。

これだけではなくて、たとえば、お箸《はし》やお茶碗《ちゃわん》などもそうでしょう。自分の箸を皆さんは持っていると思います。自分の箸を他人に使われたら嫌でしょう。ところが外国へ行きますと、子供用と大人用の食器の区別は確かにありますが、大人同士、子供同士で、これは誰それさんの茶碗、誰それさんの箸というふうに区別しているところはないと思います。箸でもそうでしょう。箸を使うのは東アジア共通の習慣ですから、中国でも朝鮮半島でも、台湾でも使います。ですが、割箸を使うのは日本人だけでしょう。

最近、台湾とか香港に観光旅行に行くと、割箸を出してくれるところがあります。しかし、それは相手が日本人だからサービスとしてやっているのであって、普通は、箸は洗い箸なのです。日本人はなぜ割箸のほうがいいと思うのでしょうか。結局、誰か得体の知れない人間が長年使った箸には、何となく独特の垢がついているように思うわけです。だから嫌なのです。

割箸がなぜ日本人にとってサービスになるかというと、「誰も前には使ってません、あなたが使うのが初めてであって、しかもあなたが使った後は捨てますよ」ということでしょう。それがサービスになるのは、アメリカ人やヨーロッパ人にはなくて、中国人や朝鮮人にもない「何か」を、日本人がその箸に感じるからなのです。

これは、理屈ではありません。要するに、実際に汚れとしてはないのに、いくら洗っても、人の使った箸は使いたくないし、いかに消毒したと言われても、人の使った歯ブラシというのは使いたくない。その使いたくなくさせているものが「穢れ」なのです。穢れは決して石鹸では落ちないのです。

触れてはいけない二つのタブー

おそらく皆さんの多くは、「穢れ」という言葉を今まで述べた意味で耳にしたのは、初めてではないでしょうか。それが今の日本の歴史教育の一番いけないところでしょう。

私が今勝手に「穢れ」というものをでっち上げているのではなくて、たとえば、『国史大辞典』（吉川弘文館）という有名な日本史大辞典がありますが、その中にちゃんと「穢（けがれ）」という項目があります。

それを簡単に紹介しますと、「穢れ」とは、

「一般に罪（つみ）とともに罪穢という。宗教的な観念で、日常普通のものから区別して、特別なものを神聖視することをタブー taboo というが、その神聖 sacré といううちにも、また清浄なものと不浄なものとがある。その不浄がすなわち穢であり、……」

とあります。

ちょっとわかりにくいのですが、要するにタブーというものがまずある。タブーというのはどういうものかというと、触れてはいけないもので、そのタブーにも二種類ある、といいます。それは神聖なものだから汚してはいけないという意味と、汚いから触ってはいけない、その汚さが伝染《うつ》るからという意味の二種類がある。そのうちの「穢れ」というのは、どちらかと言えば、汚いほうだということです。

タブーのうちにも清浄なものと不浄なものがあるが、そのうち清浄という字を説明しておきますと、これは両方とも清いという意味ですが、ちょっと意味が違います。

「清」という字は、もともと清いという意味です。「浄」という字は、前は汚かったけれども、今はきれいになったという意味です。

ですから今でも、もともときれいな水のことを「清い水」と書いて「清水」と読みます。水道の水をきれいにするところを浄水場と言うでしょう。あれはもともと汚かった水をきれいにするから「浄水」と言うのです。それに対抗して、汚いもの、きれいになっていないものが「穢れ」であるということなのです。

これはもっと重大なことですが、これは辞典に載っていることで、私が勝手に作ったことではありませんが、まずこれに触れることを特に「触穢《しょくえ》」というのです。英語で言えば「タッチ」です。

触覚の「触」という字を書きますが、触穢もタブーなのです。つまり穢れというと、触ると伝染るのです。だから触ってはいけないのです。

穢れを消すたった一つの方法

もう一つ重要なことは、「穢れ」の中身です。

穢れというのはどういうものかというと、具体的には「死の穢れ」、そして「血の穢れ」です。理由はわからないのですが、少なくとも一つ確実に言えるのは、日本人は古代から、それこそ神話の時代から「穢れ」というものを嫌っていて、そしてその中で一番大きいものが、「死の穢れ」と「血の穢れ」だということです。

しかし、それだけではありません。穢れの範囲はもっと広くて、これも『国史大辞典』に書いてあることですが、「罪も禍も過も皆同じく穢」、つまり「罪も災いも過《あやま》ちもすべて穢れである」ということです。

罪を穢れと言うのは、今でも残っています。たとえば、われわれが人に罪をきせる場合に「罪をなすりつける」と言います。なぜ、「なすりつけるか」というと、穢れだから、なすりつけるのです。

それからわれわれは、ある人が何か悪いことをしたとします。「やってしまったことはしょうがない。君の過ちは水に流そう」と言います。

なぜ水に流すのかと言えば、過ちというのが穢れだからです。穢れの消し方は一つだけあるのですが、穢れは先ほど言ったように石鹼では落ちません。どうやったら落ちるかというと、水に流せば落ちるのです。そのことを「禊《みそぎ》」と言います。

禊というのは古代の神道からずっとある方法で、具体的に言うと、きれいな水の中に入るということです。きれいな水の中で洗い清めれば落ちる。だからこれは一種の宗教です。

こういう考え方は、今でも残っているでしょう。

たとえば、政治家が汚職事件で逮捕されてしまった。しかし、彼は潔白を主張している。そして裁判で有罪か無罪か、まだ結論が出ないうちに、もう一回立候補した。一度逮捕された時は辞任したのだけれども、もう一回立候補して当選した場合に彼は何と言うか。「選挙民の禊を受けた」と言います。日本人の政治家は、そういうことをよく言うのです。

なぜ選挙民の禊なのかと言えば、罪が穢れであり、穢れは禊で落ちる。だから「選挙民の禊を受けた」と言うのです。そういう考え方がずっと今でも残っているのです。そして、このことは日本史に対して、ものすごく強い影響を与えているのです。

この考え方が具体的に日本史にどういう影響を与えているかを、これから、二、三あげたいと思います。

まず、死の穢れを特に「死穢《しえ》」と言います。特に中世以前の日本人にとって死の穢れは大変なものです。もう絶対に人間はこれに触れてはいけないのです。しかし、触れざるを得ない時があります。それはどういう時かというと、近親者が死んだ時です。自分の両親とか息子さんとか娘さんが死んでしまった時には、それに触れざるを得ないでしょう。

たとえば、平安時代の人間はどうしたかというと、その場合、穢れが外へ広がらないように、一定期間、家にこもったり、禊をしたりしたのです。そうしないとその穢れが広がってしまうからです。「触穢」ということを言いましたが、触穢の法則というのがあって、これは古典にちゃんと出てきます。

また研究した人もいるのですが、たとえば、Ａという人が自分の両親の葬式に出た場合に、そのまま穢れを消さずに、塩をまいたりとか禊をしたりしないで、Ｂという人に会うと、穢れはそのＢという人にも伝染ってしまうのです。

しかし、Ｂという人がＣという人に会っても、そこまでは伝染らないとか、そういったことを昔の日本人は真剣にやっていたわけです。死穢というのは、それほどまでにして消さなければいけないものなのですが、実は消せない死穢もあるのです。

「死穢」を恐れて遷都する

たとえば、日本の都（首都）は、平安京に固定するまで何回か移転（遷都）しています。平安京の前に長岡京という時代がちょっとあって、その前に平城京（奈良）があって、奈良は、約七十～八十年続いていますが、奈良の前に藤原京があって、そこから前は天皇一代ごとに、場合によっては天皇の同じ代数の中で二度も三度も首都を移転しているのです。

移転しているといっても、今で言ういわゆる近畿地方、県名で言えば奈良県、京都府、大阪府あたりを移動しています。

では、天皇が死ぬごとに、なぜ首都を移転しなければいけないのか。日本はそんなに金持ちだったのかと思ったら大間違いで、日本はこの頃は世界でも貧しい国のうちの一つでした。

たとえば、中国という当時の最大の文明国と比べて、どれぐらい違うかということですが、私がよくわかりやすい例として出すのは卑弥呼です。

卑弥呼の時代（紀元三世紀）、彼女の生活はどういったものかというと、住んでいるところは吉野ヶ里遺跡で復元されているようなところです。

楼閣があってその中間に宮殿があって、せいぜい二階建か三階建だったかもしれませんが、いわゆる掘っ建て小屋です。

掘っ建て小屋というのは、今は粗末な家という比喩に使いますが、もともとはちゃんとした意味がありまして、「掘っ建て」というのは「掘って建てる」と書きます。

これはどういう意味かというと、直接、地面（土の中）に柱を突き刺すということです。そうすると雨が降ると当然、根が腐ります。それより一歩進んだ技術というのはいわゆる礎石という平べったい石を造っておいて、その上に木をのっける、あるいはその石で木を囲む。つまり地面に直接突き刺すのではなくて、石に突き刺して、それを埋めるという形が進歩した建築形式です。

たとえば、法隆寺の頃から日本は大陸から輸入したこの形式を使っているのですが、残念ながら卑弥呼の時代は、おそらく本当の意味での掘っ建て小屋だったのでしょう。伊勢神宮がそうです。

伊勢神宮は古来の建て方そのままで建てられていますから、中央の柱はそのまま地面に突き刺してあるのです。その代わり二十年に一度式年遷宮といいまして、建物を全部壊して、また新しく建て直すのですが、あれには技術の継承などの意味もあるのですが、一つはそういう掘っ建て小屋のやり方だと、長い間、建物はもたないからなのです。

卑弥呼はそういう掘っ建て小屋に住んでいて、大きかったかもしれませんが、建築形式としては非常に原始的なものに住んでいました。また、貫頭衣《かんとうい》という四角い布の真ん中に穴を開けて体をすっぽり通して、そして帯で結ぶという一番古いタイプの着物を着ていただろうと思います。使っている繊維は麻か、せいぜい絹があったかどうかというぐらいで、もちろん木綿なんかありませんし、文字を使った本はなかったと思います。

一方、同じ時代の中国ではどうだったのでしょうか。曹操・劉備・孫権の三国志の時代です。曹操などは石造りの城に住んで、今と同じような中華料理を食べて、夜になると火を灯《とも》して書を読んだりしているわけです。それくらい生活レベルは違うのです。

その中国ですら首都移転なんて滅多にやりません。むしろ彼らの考え方は逆で、永遠の都という考え方をします。北京にしても長安にしてもそうですが、立派な建物を何代にもわたって造って、そして、それをどんどん広げていきます。父が住んだところには子供が住み、その孫が住み、そのまた孫が住むという形で、何代もの人が住んでいきます。北京に紫禁城という明代、清代の有名な皇宮がありますが、永遠の都としていくというのが彼らの発想なのです。

ところが日本人はどうでしょうか。

中国の都の真似《まね》をした藤原京、平城京、平安京の時代以前、大陸に比べたらはるかに貧しい生活をしているはずの日本人が、天皇一代ごとにいちいち都を替えていたのです。

これはとてもおかしいことですが、教科書では説明がないので、多くの日本人は気づいていません。首都を遷《うつ》すということは、全部の建物を壊して、新しく役場や税務署を建てるわけですから、ものすごいお金がかかります。それなのに、なぜやっていたかということですが、これが結局「死穢」なのです。

つまり、天皇というほどの偉大な人物、カリスマ性のある人物が死ぬと、その一帯はものすごい死穢に汚染されます。その死穢は消すことができないものですから、そこを全部捨てて別のところに移るのです。

もちろん死穢というものは迷信で、物理的には存在しません。しかし、日本人は「ある」と思うのです。

理解しやすくするために、現在で似たものをあげますと、放射能です。

たとえば、原発が壊れて放射能があたりに広がったとします。そうすると、この施設を全部捨てて、誰も近づかないのではないでしょうか。それと同じようなものです。

ただし、同じようなものと言いましたが、放射能というのは確かに物理的に「ある」でしょう。一方、穢れというものは物理的には「ない」のです。存在しないけれども、われわれ日本人は、それを「ある」と感じるのです。

では、どうして藤原京の時代あるいは平城京の時代になって、親が使っていた宮殿をまた息子が使うということになったのでしょうか。

それは大陸から新しい文明が入ってきて、やはり日本のような貧しい国がいつも首都を移転しているのではダメだ、これからは恒久的な施設を造ろう、ということにしたのだと思います。

死穢の問題はどうやって解決したかというと、ちょうどこの頃、藤原京の頃に持統《じとう》天皇という方がいますが、その持統天皇から天皇を火葬にするということが始まりました。

つまり大陸から渡ってきた、当時新しい宗教であった仏教の考え方によって、死穢を何とか処理しようということが出てきたのだと思います。だから首都をいちいち移転しなくても済むようになったのだろうということです。

そうでもない限り、豊かな中国や朝鮮半島がそんなに首都を移転していないのに、日本だけがなぜ天皇の一代ごとに首都を移転していたのかということがわかりません。これはあまり不思議に思っている人がいないのですが、本当は不思議なことだと思います。

時代劇でなぜ「不浄役人」と言うのか

日本人は、伝統的に死や血などには触れたくありません。だけど、触れざるを得ない時、どうするかというと、自分たちの気に食わない人間、政治的な敗者、あるいはそのものずばり罪人に、そういう血や死に触れる職業をやらせようということになります。

当然日本人はそれが嫌いだから、そういう人たちを差別するということになるわけです。

具体例を二、三挙げていきたいと思うのですが（もし、そういう職業の人がいたらすみません。これは日本人が、昔はそう考えていたということで申し上げているだけです。誤解しないようにお願いしたいのですが）、たとえば、血や死に触れる職業、あるいは罪です。穢れというのは、罪であり、同時に過ちであり災いです。そして、その穢れの中身は血であり、死です。ということは、これは全部イコールでつながってしまうのです。

したがって、血や死に触れる職業は、災いを呼ぶ罪な職業だということになるわけです。だから、そういうものは俺はやりたくない、ということにもなるわけです。

たとえば、こういうもの全部に触れる職業に、昔では警察業があります。警察業では罪人をとっ捕まえなければいけない。罪人を捕まえるということは罪に触るわけですから、穢れるわけです。

江戸時代が典型的ですが、遠山の金さんとか大岡越前などによく出てくる奉行所というのは、江戸で言えば江戸町奉行、これは南北二人いるわけですが、これが今で言うと警視総監みたいなもので、その下に与力がいます。さらにその下に同心がいます。ここに身分差があるのです。それは単なる上司と部下の関係ではなくて、明確な一線があります。

どういうことかというと、江戸町奉行というのは、旗本です。旗本は将軍直属の家来で、将軍にお目見えできる高い身分です。しかし、江戸町奉行は世襲ではありません。

たとえば、江戸町奉行が、今回、彼は業績を上げたので、寺社奉行（寺社奉行のほうが格が上です）に転任するとか、あるいは老中に昇格するとか、若年寄に昇格するとかいうことがあり得ます。大岡越前は長い間、江戸町奉行だったのですが、非常に優秀な人だったので、後に寺社奉行に昇進しています。

ところが与力は生涯与力、同心は生涯同心なのです。また、与力がいかに優秀でも奉行になるということは絶対にあり得ません。しかも、奉行とは違って、与力は実際は世襲にもかかわらず、一代限りの職ということになっています。

本当は息子が跡を継いでいるのですが、親の与力が死ぬと、息子がその時にまた新規採用されたという形を取っているわけです。つまり、江戸幕府の機構の中において、与力という実際に捜査に当たる人間は特別職で、形の上では一代限りの採用ということになっているのです。

最近ではあまり使わなくなった時代劇の言葉に、「不浄役人」があります。「不浄役人に捕まるものか」というような言い方があるのですが、なぜ不浄かというと、これらの人たちは罪、つまり穢れに触れるからです。江戸町奉行は原則的に罪など穢れには触れません。指揮監督するだけで、実際には「罪人を捕まえるのに手は汚さない」のです。

江戸時代の山田浅右衛門と鬼平

これも有名な人物ですが、江戸の罪人の首斬役に首斬浅右衛門《あさえもん》という人がいます。本名を山田浅右衛門というのですが、一人ではありません。ずっと何代にもわたって山田浅右衛門がいるのです。

では、山田浅右衛門は幕府の首斬役人かと思ったら、実は違うのです。確かに山田浅右衛門は、町人や浪人といった江戸町奉行の管轄において、死刑を宣告された人間の処刑執行人であることはまちがいありません。

今、処刑執行人と言いましたが、特に幕府が死刑の宣告を下した人間の首を斬っているのだから、これはどう考えても公務員でしょう。ところが江戸幕府の身分帳を見ると載っていないのです。

首斬浅右衛門（山田浅右衛門）の身分は、実は浪人です。浪人だけれど、たまたま代々江戸幕府の首斬御用を承っているという形になっていました。

つまり首を斬るなんていうことは罪にも触れるし、死穢が来るわけですし、血にも触れるわけですから、江戸幕府の普通の役人は絶対にやりたくない仕事なのです。だから、山田浅右衛門は浪人なのです。幕府組織の中に入れてやらないということです。これも一種の差別です。

奉行の中でたった一つ、世襲だけれど昇進もなければ配転もないという、特別な奉行がいます。それは牢《ろう》奉行です。江戸の牢奉行は石出帯刀《いしでたてわき》という人がずっとやっているのですが、石出帯刀というのも世襲名で何人もいます。他の人間は牢奉行になれないし、石出帯刀も、どんなに優秀であっても長崎奉行になるということは一切ありません。やはり、ここで線が引かれているということです。

池波正太郎による人気時代小説『鬼平犯科帳』（文春文庫）では、鬼の平蔵こと、長谷川平蔵宣以《のぶため》という人は実在の人物で、実際に犯人を捕まえたりしていました。あれは火付盗賊改《ひつけとうぞくあらため》と言って、町奉行とは別の特別警察という職があって、平蔵はその長官でした。

ところが、平蔵は旗本なのです。そうすると「井沢の言っていることはおかしいではないか。さっきから、旗本はそういうことは一切しないと言っているけれども、鬼平はやっているじゃないか」という疑問が浮かぶかもしれません。しかし、これは例外でした。

どういう例外かというと、『鬼平犯科帳』の原作の中にも出てくる言葉ですけれども、火付盗賊改というのは軍政の名残《なごり》をとどめるお役目です。軍政というのは軍事政治という意味ですが、つまり戦国時代のことです。戦国時代は、大名でも旗本でも常に戦争をやって血や死穢にまみれていました。火付盗賊改は、そういう時代の感覚でやる仕事ということです。

だから、いちいち面倒な裁判もいらないし、場合によっては相手を奇襲作戦で襲うようなこともやるわけです。軍政の名残をとどめるというのはそういう意味であって、これは江戸時代の犯罪にあまりにも凶悪化したものがあって、普通の江戸町奉行では取り締まれないから、特別に設けられた職であって、例外なのです。

政府機関から切り離された軍隊

日本人は昔から穢れ（ケガレ）が大嫌いですから、とにかく、政府の中から警察機構を切り離そうということが出てくるのです。

そして、もう一つ嫌われる職業は、軍人です。軍人というのは正に日常的に、最も嫌な穢れである死や血に触れるわけです。だから、日本人の伝統的な考え方では、軍人は「罪人」なのです。今でも「自衛隊なんかなくしちゃえ」と言う人が多くいます。その人が本当に平和を真剣に考えた上でそう言うのでしたら結構なことですが、本人は気づいていないと思いますが、実は古代の穢れ意識が本人の心の中で生きている場合があるから、注意しなければいけないのです。

歴史を見てみると、壬申《じんしん》の乱以降の飛鳥時代、奈良時代、平安時代と、争乱は何度かありましたが、概《おおむ》ね日本にはずっと平和な時代が続きました。その平安時代に平安京（今の京都）を造った桓武《かんむ》天皇がいます。

平安京とは平和都市という意味ですが、その平和都市を造った時に、「もう日本は平和なんだから軍隊なんぞいらない。そんな血や死に触れるものはいらない」ということで、常備軍を全廃してしまったのです。

もっとも、その時に、実はこれも差別用語ですが、朝廷は「エゾ（蝦夷）」と戦争をしていました。その「エゾ」を征伐する軍団だけは残しておいて、他のいわゆる都の軍隊を廃止してしまったのです。日本人は穢れを嫌うから軍隊なんか嫌だったのです。日本は八世紀末に世界に先駆けて軍隊を廃止した、極めて珍しい国なのです。

では、軍隊をなくして日本は平和になったかというと、実はそうはなりませんでした。たとえば、現在の時点において、「私は犯罪が嫌いだ。だから警察なんかなくしてしまえ」と言う人はいないはずです。もし警察をなくしたらどうなりますか。悪党のやりたい放題になるでしょう。そこら中で強盗事件や通り魔事件とかが起こると思います。

同じようなことが、実は平安時代後期の日本にも起こりました。治安が大いに乱れ、日本中が争乱の巷《ちまた》になったのです。そこで何が起こったかというと、政府は守ってくれないから、自分の身は自分で守らなければいけないというので、出てきたのが武士なのです。

武士は軍人だと思っている人がいますが、正確に言うとこれは違います。これは日本史の一大特徴なのですが、武士や侍というものは日本にしか存在しないのです。東アジア世界では、軍人はいますが、武士はいません。

どういうことかと言うと、本来、軍人というのは、「国家に認められた公務員である戦闘員」です。しかし、武士はもともと公務員ではありませんでした。武士は自然発生的にできた、自分の身は自分で守らなければいけないという人間の集団ですから、基本的には多くは武装した農民であって、国家の制度の中から生まれたものではないのです。

日本は、少なくとも近代以前は中国の文化圏、広い目で見ますと東アジアの文化圏の中にあります。しかし、東アジアの文化圏の中で武士が生まれたのは日本だけです。なぜかというと、中国でも朝鮮でも政府があって、政府の中にちゃんと軍隊（常備軍）がいるからです。つまり、〝軍人〟がいるから、〝武士〟は必要ないのです。

日本は八世紀頃に、すでに当時の中央政府である朝廷が軍隊を廃止してしまったものですから、治安がひどく悪くなってしまいました。しかし、誰も守ってくれないということで武士ができたわけです。軍人といったら普通国家の公務員ですが、日本のは私兵集団です。その私兵集団が鎌倉幕府という組織を作って、天下を取ったのです。

そして、鎌倉時代以降も幕府政治がずっと続きましたが、その七百年くらい後の慶応三年（一八六七年）に大政奉還が行われ、明治維新を迎えて、武士の政権は終わりました。その大政奉還とは「大政」（大きな政、日本の統治権という意味）を「奉還」（お返しするという意味）したということです。つまり、武士の代表者である江戸幕府の徳川将軍家が天皇家に、今まで預かっていた日本国の統治権をお返ししたということです。

ということになると、古代から中世にかけて幕府政治の始まる時点において、預けたという事実がないとおかしいはずです。朝廷がいつ幕府に政治の大権を預けたのかというと、実は預けていないのです。

大政奉還というのは、本当は武士たちが勝手に奪っていた日本国の統治権を「これまで預かっておりました。しかし、これからは日本のために天皇家にお返しします」という形で返したということなのです。

ただし、日本国の統治権の中で、前時代の支配者である朝廷から幕府に対して正式に預けられた権利がちゃんとあります。それは、受験勉強をやったら必ず出てくる「大犯三箇条《たいぼんさんかじょう》」です。これは鎌倉幕府の初代将軍、つまり、武家政権の一番最初の人間である源頼朝が後白河《ごしらかわ》法皇から譲られた権利です。

これは、犯罪人を逮捕していいということです。つまり、警察権です。朝廷の力が衰えてきて武士階級に自分たちの政権を取られようとした時に、しかたなしに最初に渡したのは何だったのか。皆さんがいろいろな宝物を持っているとして、どうしても嫌な奴に一つやらないといけないということになったら何を渡しますか。自分の一番いらないものを渡すでしょう。その「いらないもの」が警察権なのです。

つまり、日本の政治家というのは、政治権力者である以上、戦争しなければいけないし、治安維持の義務もある、だから軍隊を持たなければいけないのですが、平和になってくると、どうしてもそういった穢れたものは持ちたくない。だから、それをできるだけ切り離そうとするのです。

日本でよく律令《りつりょう》政治といいますが、律令とは憲法とほぼ同じ意味で、中国で生まれた法律制度のことです。中国で生まれた制度を朝鮮も日本も学びました。だから本来三国の政治制度は同じになるはずです。

では、同じにならないのはなぜか。一番違うのは、中国にも朝鮮にも国家の認めた軍隊があって軍事制度があるのに、日本では平和になった際、政治権力者がその軍隊を切り離したことです。

律令には軍事部門も警察部門もあります。軍事部門のことを兵部省、そして警察部門を刑部省というのですが、実質的に機能していませんでした。今と逆です。今は憲法九条を読むと、日本には軍隊は「ない」はずですが、軍隊は「ある」のです。一方、平安時代は、律令（憲法）には軍隊は「ある」はずですが、実際には軍隊は「ない」のです。ちょうど今の逆なのです。

では、実際には誰がやっていたのか。実は「検非違使《けびいし》」というのをわざわざ作ったのです。検非違使は律令に規定された他に新たに設けられた官職で、「令外官」と言って律令の外に置かれます。

その検非違使の部下は誰か。実際に犯罪人を捕まえたり、拷問したり、あるいは最終的に処刑したり、あるいはその処刑した死体を片付けたりする人がいる。その人たちは「差別された側」の人びとだったのです。

武士は差別されていた

もう一度復習しますと、日本人というのは穢れといったものを嫌う性質があるものですから、政治の上でもできるだけ穢れから離れようとします。権力が確立すればするほど、軍事・警察部門を切り離して、外部の人に委《ゆだ》ねようとします。出世すると自分では手を汚したくないから、もっと下の連中にさせるということです。日本では、こういったことが行われてきました。

武士は戦士ですから、戦国時代までは人を斬ったり殺したりということは当たり前で、死穢に触れるのなんのと言っていられないのです。

ところが江戸時代に入り、平和な時代になると、そういう武士ですら罪人の首は斬りたくないというので、山田浅右衛門にやらせることになりました。あるいは犯罪の捜査は誰にやらせるかというと、自分たちはやりたくないものだから、同心とか与力とかの特別職に任じてやらせるのです。

つまり、平安時代の朝廷が大犯三箇条をはじめとして、武士に警察権を委ね、朝廷が幕府に政治を「委託」したことと、江戸幕府において役人が自分は手を汚さずに山田浅右衛門に首斬りをやらせていたということは、実は同じことなのです。これが日本の歴史の構造なのです。

たとえば、三国志でいえば、劉備が国をつくると、部下である関羽や張飛とかいった人たちはちゃんと何々将軍という形で軍の公務員になります。公務員の形にしなければ治まらないからです。

なぜかというと、中国というのは律令制度の国で、律令にはちゃんと軍事部門が規定されているから、国ができた場合は「ならず者」であった人間でも必ず将軍、あるいは軍人という形にして公務員にするのです。しかし、日本人はそうしません。正式な「軍人」を作らずに、ならず者が世の中を支配しているという形にどうしてもなってしまいます。

では、武士は本当にそんなに差別されていたのでしょうか。その好例を出しましょう。

『平家物語』の冒頭に「祇園精舎《ぎおんしょうじゃ》の鐘の声、諸行無常《しぎょうむじょう》の響きあり」という有名なくだりがありますが、その後は「殿上《てんじょう》の闇討《やみうち》」という章から始まっています。これは平清盛のお父さんである忠盛という人が、武士としては初めて御殿に昇殿することが許された話です。それに対して貴族たちは、あんな穢れている奴が俺たちの仲間になるということで怒ったわけです。

そこで、忠盛が初めて昇殿する日に殿上人たちは、「忠盛を闇討にせんとぞ議せられける」となりました。つまり、忠盛を闇討しようとしました。問題はこの「闇討」という言葉の意味ですが、これまでの古典解説書には全部「暗殺」と書いてあります。

しかし、「闇討」は「暗殺」とは違います。なぜかというと、暗殺というからには、御殿の上で忠盛を殺すということになります。

たとえば、刀で刺したらどうですか。御殿が血で穢れます。では、首を絞めたらいいかというと、それでもダメです。御殿が忠盛という身分の低い卑しい人間の死穢で汚れます。だから、「暗殺」するはずはないのです。

でも、これまでの古典解説書には「闇討イコール暗殺だ」と書いて、誰も疑いませんでした。最近は、たとえば「新潮日本古典集成」という新しい古典のシリーズの中で国文学者の水原一さんが、闇討というのはちょうど布団蒸しのように布をかぶせて袋叩きにすることであって、いわゆる暗殺ではない、というようなことを述べていました。これが正しいのです。

何度も申し上げますが、御殿の上で忠盛を暗殺したりしたら死穢で御殿が汚れてしまうのですから、暗殺なんていうことはあり得ないのです。しかし、逆に言えば武士というのは、それほどまでに軽蔑されていたのです。

しかし、では、そういう軽蔑された人間が、なぜ天下を取ったかというと、日本人というのは権力を握ると手を汚したくないものだから、実際の政治については自分より下の人間にどうしても委ねようとするわけです。だから下の人間のほうが力を持ってくるわけです。

それが日本の歴史の構造ですけれども、その中でこの「ケガレ感」あるいは「ケガレ」に基づく職業に対する蔑視感というのは、いまだに残っているのです。

日本人の感性の中にあるケガレ感

「部落差別なんていうのは過去のことで、もう昔の愚かな風習である。これからの若い世代はそんなことは関係ないだろう。だからあえて勉強会をやったりして若い人びとに教えることはない。何も知らせなければかえってそういう差別はなくなるんだ」と言う人がいます。これは「寝た子を起こすな論」というのですが、それは間違いです。

なぜ間違いかと言うと、この差別というものは、日本人の感性の中にあるものだからです。だから「感性の中にこういうものがあるんだよ」と指摘しない限りは、そのまま無意識の形で次の世代に受け継がれていくわけです。「こういう差別はおかしいじゃないか」と指摘しなければ、本人は意識しないのです。

たとえば、今、ここに丼《どんぶり》があってご飯が山盛りになっているとします。よくこういう教育の仕方があります。「この米の一粒一粒はお百姓さんが丹精を込めて作ってくれたものだから一粒もおろそかにしてはいけない。全部食べなさい」

と。その労働に対して感謝しなければいけないという表現には、別に違和感はありません。

では、その横にビーフステーキがあったとしたら、どうでしょうか。ビーフステーキも、それを自分がビーフステーキとして食べるためには、誰かが牛を殺して血を抜いて解体して、ビーフステーキの形に切ってくれなければ食べられません。それも労働でしょう。そういう労働の成果として、われわれはビーフステーキを食べられるわけです。

では、われわれはお米の労働に対して感謝しているように、ビーフステーキの労働に対しても感謝しているでしょうか。お米と同じことをやっているのに、その労働の成果を受けているのにもかかわらず、われわれはその労働に対して感謝も尊敬もしない。それどころか甚だしきにいたっては、無視するだけならまだしも、軽蔑したりするのはおかしいと思います。これが差別なのです。

なぜそうなるかというのは、われわれはケガレ感があることによって、米を作ることを正当な労働として認めるけれども、牛を殺すというようなことに対しては正当な労働としては認めないのです。これは絶対、理屈から言ったらおかしいのです。

だから、こういうことをちゃんと言わなければいけないのです。意識を変えるためには、日本人にはケガレ感があるということを認識しなければいけません。認識したからといって、すぐに差別がなくなるものではないかもしれないけれども、少なくともその第一歩にはなるはずです。

古墳から出土した鎧から歴史を読み解く

昔は合成繊維がなかったので、皮革製品はもっと多くありました。プラスチックもありません。だから、弓を入れる器とか、あるいは馬の鞍《くら》といったものはすべて皮革製品に頼っていました。今よりずっと皮革製品の需要があったのです。ところが、日本人は皮革製品を使うのに、それを作る側にはあまり回りたくないのです。過去に戦で負けた人間や、没落した人間とか、あるいは「失楽園」のように心中しようと思ったけれど生き残ってしまった人間、いわゆる罪人（罪は穢れなので）を押し込めて、そういう仕事をさせて、ますます差別していく。これもひどい話です。

自分が皮革製品を使って、その恩恵を受けているならば、作ってくれた人に感謝しなければいけないのに、そうではなくて逆なのです。そういうことが今まで日本では行われてきたわけです。

だから、武士が差別されていたことを知っていると、たとえば、次のようなことがわかるのです。

古代において天皇家が実際に武器を取って戦っていた時代がありました。仁徳天皇の頃だと思いますが、倭の五王という人たちが中国に使者を送ったということが、中国側に記録されています。

その中の倭王武の上奏文というのがあります。上奏文というのは偉い人に対して自分の功績を述べ奉った文章ですが、その中に「昔より祖でい（祖先）自ら甲《かっ》冑《ちゅう》を貫き……」、つまり「昔から我が先祖は鎧兜《よろいかぶと》を着けて山野を跋渉《ばっしょう》し、あらゆるところに出かけていって戦った」とあります。

日本の史料集にも載っていますが、この時着けていた鎧とは何でしょうか？

それは、おそらく古墳から発掘される、いわゆる映画の「大魔神」が着けているような金属製の鎧だと思います。実際、古墳から出てくるのは、金属をいっぱい使った鎧です。

ところが、差別されていた武士階級は、鎧に何を使っていたのかというと、皮なのです。つまり日本は明らかに、金属製の鎧を使う人間から、皮を使って戦う人間へ権力が移っているのです。

武士というのは本来、戦士であるから、血や死に触れても平気だったのです。平気だからこそ生きている動物から剝《は》いで作った皮の鎧を着けていたわけです。ただし、そのことは、それより前の権力者である朝廷の貴族、公家《くげ》たちから見ると、とんでもない奴だということだから、差別の対象になるのです。

だから、朝廷の人間は、警察権や軍事権など国家にとって重要な権利を使おうとしないし、自分がタッチすれば、穢れるわけですから、そういう穢れから逃れようとすることになるわけです。

その結果、結局、政治権力の実質的な部分は、公家から言わせれば、穢れた連中に移っていくことになります。ところが、その穢れた連中もいったん天下を取ると、やっぱり自分も手を汚したくないというので、穢れた仕事をほかの人間にやらせるのです。

根底にあるケガレ感を知る教育

そもそも被差別部落の人たちは、穢多《えた》と呼ばれていました。これは当て字だという人もいるのですが、私は意味はそのままで、穢れが多い、ということだと思います。

確かに政治家が意図的に作っていた部分もあります。というのも、先ほども言ったように、皮革製品とかあるいは死者を葬るようなことに対する職業といったものについては、どうしても社会にとって必要性があるわけです。必要性があるから誰かがやらなければいけないのだけれども、自分たちがやるのは嫌だから罪人にやらせる。罪を犯した人間をそういう身分に落としてやらせるということをやっていたわけです。

これは確かにそういう意味で言えば、政治的に後から作られた差別ですけれども、やはり日本人独特のケガレ感というのは、日本人の根底にあるということです。そうでなければ差別を「作ろう」としても作れるわけがありません。

では、どうするかというと、これは、やはり教育だと思います。こういう日本人独特のケガレ感があるのだということを、まず教えるのです。

要するに日本人というのは、他の民族にはない独特の汚れに対する感覚、つまりケガレ感を持っていて、それがこれまでの歴史にも影響を与えてきたし、今もわれわれの心の中に残っている。まずそういうことがあるのだというのを意識することが一つです。

もう一つは、その感覚があるから、どういったことが起きるのかということを正確に認識することです。それを理性で克服できるように、具体的な方法を何か考えるということです。

ところが実は、今はその逆を行っているのです。今、流行《はや》りの抗菌グッズがありますが、これはあまり良くないことだと思います。人間はそんなに潔癖にならなくても生きていけます。日本人は今、過度の潔癖症になっているのではないでしょうか。これは、やはり「ケガレ」というものが根底にあるからだと思います。

これは海外に行っても軋轢《あつれき》を起こすと思います。というのは、向こうの人が、彼らの水準できれいなものを、何かくれたとします。ところが、日本人がそれを「汚い」と言って手を触れなかったりしたら、国際問題になりかねません。国際問題は大袈裟《おおげさ》だとしても、とにかくそういうことで日本と外国の間に溝ができるということも考えられるわけです。

最後に申し上げたいのは、要するに知らせなければいいんだという論理、いわゆる「寝た子を起こすな論」というのは絶対に間違いだということです。日本人として育てば、ケガレ感というのは知らず知らずのうちに必ず身についてしまいます。

だからこのケガレ感は、いいところも多くありますが、日本民族の悪いところでもあるということを理解して、それを克服するような努力をしなければいけないということなのです。

第六章

水が日本人の思想に与えた影響

「山紫水明の国」で培われた文化と感性

「山紫水明の国」日本の幸福

日本が水の非常に豊かな国であるということは、皆さんもよくわかっていると思います。しかし、人間は悲しいもので、贅沢《ぜいたく》に慣れてしまうとそれが普通になってしまい、実感として日本は水が豊かだとは、なかなかピンとこないものです。

昔、イザヤ・ベンダサン（山本七平）が、「日本人は、安全と水はタダだと思っている」と言いましたが、今は、安全も水もそれなりのコストをかけなければならない時代になりました。

それでも、まだまだ日本は歴史的に見ても、世界的に見ても、水に非常に恵まれた国であるということは言えると思います。

以前、仕事でカンボジアに行った時のことです。泊まったホテルで蛇口をひねると、赤茶けた泥水が出てきたのです。ですから、頭を洗うにも、バスタブに水を溜《た》め、沸かして、上澄みで洗わなくてはなりませんでした。

飲み水は、大きなミネラル・ウォーターが配られていましたが、製造元を見るとシンガポール製でした。つまり、自国の中ではミネラル・ウォーターはできないのです。それくらい、水は貴重なものなのです。

日本は、山や川が美しく清らかで「山紫水明《さんしすいめい》の国」と言われます。本来、山紫にして水清くというのは、中国の言葉でした。しかし、このような素晴らしい景観の場所は、中国でも珍しいのです。

日本は、東アジア文化圏の中に所属していたので、優れた文化は、ほとんど中国から朝鮮半島を経由して入ってきていました。しかし、実は中国の本土に行きましても、朝鮮半島に行きましても、いい水は極めて少ないのです。水に関しては中国や朝鮮半島から輸入することはありませんでした。

その理由には、日本列島の構造が関係しています。

日本列島の中央部は、屏風《びょうぶ》のように山が連なっています。そこに大陸側からの湿《しめ》った風が当たり、雪が降ります。降った雪はすぐには融《と》けずに、万年雪のように山の上に溜まります。

日本の国土は、このように七〇％以上が山地なので、非常に開発が難しいと言われていました。しかし、今にして考えてみれば、これは貴重な財産です。山には保水力があります。その保水力がある山から、じわじわときれいな水、つまり天然で濾過《ろか》された非常においしい水が、伏流水《ふくりゅうすい》として流れ出してくるのです。

日本ではお茶は嗜好《しこう》品です。ところが、外国では昔はお茶は必需品でした。というのも、たとえばイギリスでは、水がそのままの状態ではとてもまずくて飲めなかったので、煮沸《しゃふつ》した水にお茶を入れ、さらに葉緑素とカテキンで消毒作用することで、ようやく飲むことができたのです。

このように外国では、日本とは異なり、お茶はまずい水を飲めるようにするための必需品でした。

一九九七年七月に香港がイギリスから中国に返還されましたが、歴史を振り返ってみると、香港がイギリスの領土になった原因は、アヘン戦争でした。そのアヘン戦争は、イギリスが中国にアヘンを売り付け、これに怒った中国が抗議したことで始まったものです。

では、なぜイギリスは中国にアヘンを売ったのか。それ以前のイギリスは、銀を対価として中国からお茶を買っており、対中貿易は大幅な赤字でした。それで、イギリスは銀の代わりにアヘンを売って、赤字を減らそうとしたのです。それだけイギリスはお茶を必要としたのです。

ですから、日本以外の国は、水以外の飲み物が発達しています。

たとえば、イギリスの植民地であったアメリカは、当時、紅茶を飲んでいました。ところが、アメリカではお茶が採れないので、イギリス本国から紅茶を買っていました。イギリスでは、中国やインドからお茶を買って、自分のところで加工して、アメリカに輸出していたのです。その貿易量はかなりのものでした。

そして、アメリカがイギリスから独立しようとした際、イギリスにお茶で膨大な外貨を稼がれていたことに腹を立て、ボストン港に入港していたイギリス商船を襲って、お茶を海の中に叩き込むという事件を起こしました。これが、有名なボストン・ティー・パーティー（ボストン茶会）事件で、アメリカ独立戦争の引き金になりました。

それ以後、アメリカ人は紅茶より、むしろコーヒーを飲むようになったのです。紅茶を飲むのはやめて、水をそのまま飲もうかというふうにならないのは、水がそれだけまずいからです。ちなみに、イギリスがお茶を飲むようになったのも、アメリカがそうであったのと同様に、フランスやイタリアからワインを輸入したくなかったことが原因です。

これだけお茶がもてはやされたのは、水を浄化する薬としての効果が重んじられたからです。

ところが日本人は、お茶というものは、おいしい水で点《た》てて飲むものだと思っています。お茶は平安時代に日本に入ってきたという説もありますが、現在では、禅宗で臨済宗開祖の栄西が、当時の中国の王朝だった宋からお茶の種を持ってきて、お茶を栽培したのが始めと言われています。

栄西は、時の権力者で鎌倉幕府三代将軍の源実朝に、お茶と自らが書いた『喫茶養生記』という本を献上しました。これには目がぱっちりするとか、体にいいというように、お茶にはこれだけ効能があるということが書かれてあり、私は、日本で初めての健康ハウツー本だと思っています。

日本人は、どうもお茶というものを、水がまずいから飲むというイメージではなくて、最初から嗜好品として捉えていました。ところが、世界では、今でこそ嗜好品ですが、昔はそうではなかったのです。これも日本人の幸福です。

温泉と飲み水が豊富という稀な国

もう一つ、日本人と水との関わりで、意外に気づかないのは、温泉です。温泉は、世界中にあるものではないのです。日本海を隔てただけの朝鮮半島に行っても温泉は滅多にありませんし、中国大陸に行くと、さらにありません。

日本が温泉に恵まれているのは、火山帯の上にあるからです。これほど狭い島国の中で、主要な温泉は、数え方にもよりますが、二〇〇〇以上はあります。露天風呂だけで旅館も何もないという温泉を数えたら、おそらくその倍くらいになるかと思います。こんなに温泉に恵まれている国は世界中でも珍しいくらいです。

もう一つ肝心なことは、普通、温泉に恵まれている国は、飲み水はおいしくないのです。こんこんと湧き出ていて湯量は豊富だけれども、温泉の水はほとんど飲めません。様々な薬効成分を含んでいるからです。飲める温泉もありますが、料理に使う水や飲み水としては使えないのです。それが、世界の通り相場です。

イタリアに行くと、ベスビオ火山とかがありますので、いい温泉は若干ありま す。しかし、水はまずいのです。日本は温泉に恵まれている上に、飲み水もおいしいというように、まったく別の環境なのです。

温泉は地下から湧いてきますが、飲み水は山岳地帯から伏流水として出てきます。日本は、この両方の水源を持っている極めて珍しい国です。ですから、外国へ旅行すると、温泉が非常に貴重なものとして扱われていることに驚かれると思います。

たとえば、ドイツに行くとクアハウスがあります。温泉があるところに総合医療センターができて、リハビリセンターや温水プールに利用しているわけです。

こんこんと湧き続けている温泉がたくさんある日本は、非常に恵まれた国であると言えると思います。それを日本人がどうも忘れているところがあって残念です。

昔、日本は、「水泳日本」と言われた時代がありました。日本が水泳で金メダルを取るのが当たり前だという時代があったのです。その頃の名選手たちは、川で泳いで練習したりしていました。そこら中に泳げる川がいっぱいあったわけです。

そういった川が高度経済成長期の環境汚染などもあって、どんどんなくなってしまいました。そのうえ、日本人の体力の低下もあり、一気に水泳が弱くなってしまったのです。

最近はスイミング・スクールなどが普及し、日本の水泳も少し復活してきましたが、われわれが子供の頃は、オリンピックでは入賞なんかとてもできないような時代だったわけです。

それを考えてみると、われわれがせっかく先祖から受け継いだ、きれいな川を蔑《ないがし》ろにしているのではないかと思います。

〝きれい〟と〝正しい〟はイコールになる

これだけきれいで豊富な「水の国」に、われわれの先祖はずっと暮らしてきたわけですから、水と日本人の心は、世界にも例がないくらい、ものすごく結びついていると思います。

どういうことかと言いますと、たとえば、われわれの会社で、自分の部下あるいは後輩が過《あやま》ちを犯したとします。その過ちを許すときに、われわれは伝統的な表現で「君の過ちは水に流そう」と言います。あるいは、自分は、あの人にひどいことをされて、非常に恨みを抱いていたけれども、もうそういうことはよそうという時に「あなたへの恨みは、水に流しましょう」と言います。

これは、「水に流す」ということが、われわれにとって一番いい、素晴らしいことだという感覚があるからなのです。

そういう感覚ができた理由は、やはりきれいな川がそこら中にあったからでしょう。昔は生活から出る廃棄物は、流してしまえばよかった。流れる水ですから、水に流せば何でもなくなってしまうという発想があるわけです。

たとえば、「罪」という精神のゴミを、われわれ日本人は伝統的に、「ケガレ（穢れ）」と考えます。汚れとケガレの違いは、目に見えるかどうかにあります。過ち、恨み、罪などは全部目に見えません。日本人はこのような精神のゴミを水に流せば消えると考えているのです。

水に流すことを伝統的に日本人は「禊」と言っていました。禊というのは、きれいな水の中に入って身を清めることです。つまり、水に流すことなのです。ですから、われわれは罪を清算するときに、あるいは清算したと考える時に、「禊をしました」と今でも言うわけです。

清めの儀式という発想は、世界中どこにでもあります。たとえば、イスラム圏に行きますと、砂漠にはなかなか水はありませんが、あれば沐浴《もくよく》と言って、ちゃんと禊みたいなことをします。水がない場合は、砂で代用します。ところが、日本は水が豊富ですから、そこら中で沐浴ができたのです。これも日本人の精神形成に非常に大きな影響を与えました。

日本人は、人を褒める場合に、「あの人は潔《いさぎよ》い人だ」と言います。清潔の「潔」という字です。日本人にしてみれば、〝きれい〟ということと、その人が〝正しい〟ということはイコールなのです。そういう伝統的な考え方をするということは、日本人にとって、水は単なる物質ではないということです。

日本が「豊葦原瑞穂国」と言われる理由

稲も水と同じように考えられてきました。日本人は長い間、稲を単なる食料ではなくて、神聖なものとして扱ってきました。

稲は、もともとは熱帯性の植物で、湿地帯に自然に生えているようなものでした。それを日本人は、水田を作って、区画を作って、大量生産するという発想をしてきたわけです。だから、稲、米はわれわれにとって貴重な資源なのです。それは、水がないと生まれないということで、水の価値もまた高まってきたのです。

実は、稲は非常に不思議な植物です。稲は、もともと熱帯性の植物なのですが、今、われわれが米の名産地というと、新潟や秋田、山形を思い浮かべます。これは、日本人の食べている米は、改良が加えられ、原産の米とかなり味が違うからなのです。

日本人は、よくカレーに使っているような外国産の米を、ぱさぱさしていると言いますが、本来の米は、ああいうものでした。それを品種改良して、寒いところでも生育できるようにして、もちもちとした食感を持つようにしたのです。

逆に日本の歴史上、非常に不思議なのは、なぜ寒冷地で麦を作らなかったのかということです。稲は熱帯性の植物ですから、本来、北のほうで栽培するには向いていないはずです。今、日本には作況指数というものがあります。一〇〇が平年並みで、九〇だと凶作、一一〇だと豊作という指数です。今は、九〇くらいというと、「今年は出来が悪いんだな」くらいに思います。

ところが、昔は作況指数でいうと、五〇とか三〇のような年がありました。つまり、東北地方で気候が不順だとすぐに凶作になっていたのです。それも現在の凶作なんてものではなく、大凶作になるわけです。

ですから、江戸時代は、飢饉《ききん》で餓死者が多く出ました。昭和になっても飢饉を解決することはできず、二・二六事件の本当の原因は、東北の大凶作だと言う人がいるくらいです。気候のサイクルが狂って、寒くなる、あるいは雨が多くなると、稲ができずに、東北では大凶作になっていたのです。

それが解決されたのは、あまり歴史年表には載っていないのですが、「農林一号」という非常に素晴らしい品種が作られたからです。今のコシヒカリなども元をたどっていくと、農林一号に突き当たるぐらい、寒さに強い米ができたのです。それ以後、大凶作はなくなりました。

昔でも大凶作を防ぐ方法は、一つありました。それは麦を育てることです。麦のほうが米に比べて、寒さに強いし、水も要らないのです。たとえば、ドイツですと、日本の北海道くらいの気候のところでは、麦を栽培しています。それに比べ、日本の東北地方はこれほど寒いのに、なぜ麦を育てなかったのか。これは、日本史の一つの謎です。

あえて言いますと、私はやっぱり水が豊富だったからだと思います。日本中どこへ行っても、水は豊富です。水が豊富だということが、稲を育てやすい条件ですので、昔の日本人は麦ではなくて稲のほうを選択したのではないかと思います。

関東地方でも、北のほうは麦文化圏、西のほうは米文化圏になっても不思議はなかったのですが、そうはなりませんでした。それは、水の豊富さということが理由だったのではないでしょうか。稲を育てるには、一に太陽、二に水ですが、決め手は「水」にあったのだと思います。水がそこら中にあるということで、水田がいっぱいできて、日本は「米の国」になったのではないでしょうか。

日本の古い神話の時代には、まだ西日本あたりを指していたのだと思いますが、すでに「豊葦原瑞穂国《とよあしはらみずほのくに》」という言い方をしています。これは、そこら中で稲が豊かに実っている国ということです。そして、それが日本人にとってスタンダードになりました。

神話の時代はまだ、東北地方も北海道も日本に含まれていませんでしたが、日本という国が、だんだん広がるにつれて、稲作文化も広がっていったのは、水が基本的に豊富であったからではないかと言えるわけです。

「水に流す」ことの良い点・悪い点

このように、日本人は水の影響を受けながら、心を形成していきました。もちろんその影響には大変いいところもあるし、注意したほうがいいところもあります。

日本人は、恨みを抱き続けない民族です。ところが、外国人は必ずしもそうは思っていません。そこで話が食い違うことがあります。歴史や文化を比較してみるとよくわかります。

たとえば、昭和二十年（一九四五年）に、ソ連が中立条約を破って攻めてきました。これは国際法違反で、日本は文句を言っていい立場にあります。しかし、「ロシア人を今でも恨んでいる」と言う人を、日本人はあまり尊敬しません。

むしろ、「私は、昔、ひどい目に遭ったが、そのことは水に流して、これからは友好のために頑張ろう」と言うと尊敬されるのです。「あの人は、なんて潔い、いい人なんだろう。立派な人、人格者だ」ということになるわけです。日本人はそのような人を無意識に、理想だと思っているのです。

ところが、外国では必ずしも恨みというものは、水に流すのがいいとは思っていません。

たとえば、日本と海を隔てただけの朝鮮半島でも、そのことに関してはまるで逆です。韓国では恨みを「ハン」と読みますが、むしろ、人間を元気にさせる、頑張らせる元であるということで、決して悪いことではないのです。

ところが、日本人は、恨みを持つこと自体が悪いことだと思っています。そうすると、話がどうしても食い違ったりするのです。

日本人はどうしても世界は一家、人類は皆兄弟という考え方をしがちですが、それは、自分たちの考え方を相手に強制しているのと同じことになります。そこはお互いに自分たちとは違うのだということを、相手には相手の考え方があるのだということを、知らなければいけないと思います。

一方、恨みや罪は水に流すということが、いいこともあります。それは、過去に拘《こだわ》らない前向きさです。日本人は、ひどい目に遭ったりしても、常に立ち直ってきました。ですから、過去をすっぱり水に流して、一から出直せるということは、日本人の非常にいいところです。

ただし、過去の失敗例は貴重な体験です。貴重な体験は、子供や孫に伝えていかなければいけないのですが、日本人はそういうことは、あまり得意ではありません。

日本には大体二千年の歴史があります。もちろん外国にはもっと古い所もありますが、二千年も歴史を持っている民族はそう多くはありません。その中でいろいろな文化や経験が蓄積されているわけです。

その蓄積を生かさない手はないのですが、水に流すということは、注意していないと、過去の失敗さえも忘れようということになってしまいます。嫌なことは忘れて振り返らなくていいんだ、ということになってしまうのです。

これは日本人の感性にもなっていますから、なかなか変えることは難しいのですが、意識して変えていかなければいけないことだと思います。

残念ながら、水と安全がタダという時代は終わり、われわれもミネラル・ウォーターを選んで買うようになりました。フランス製やイタリア製を飲んでいる人もいます。

しかし、日本はまだ源流水、産水地がいっぱいあって、そこでおいしい水をそのまま得ることができるという非常に稀有《けう》な国なのです。これは非常に素晴らしいことだと思います。

今、残念ながら日本の林野は、原生林を刈って、人間のためにしか役立たない建築用材になる木を植えるということが多く行われています。しかし、ブナとか楢《なら》、櫟《いちい》、広葉樹、落葉樹の中でこそ、熊も猪《いのしし》も狸《たぬき》も育つわけです。そういった保水力の強い森林がまさに「山紫水明の国」を支えてきたわけです。

われわれはあらゆる手を尽くして、われわれの豊かな水の国を環境として守っていかなければいけません。それは単に自然を放置しておけばいいという問題ではなく、場合によってはダムを造ったり、水路を作ったりしなければならないこともあると思います。

そういう形で、さらに水をきれいにすることによって、ぜひこれからも水の豊かな国をわれわれの子孫に受け継いでいかなければいけないと思います。

第七章

なぜ、日本人は憲法を改正できないのか

言霊、ケガレ、怨霊信仰の弊害

危機管理が下手な日本人

結婚式といえば、キリスト教における「誓いの言葉」を、皆さん一度は聞かれたことがあると思います。まずはじめに、このことについて少しお話ししたいと思います。

今、ここを教会の結婚式場だとします。十字架があり、目の前に神父と新郎新婦がいるという設定です。

神父はまず新郎の男性に「あなたはここにいる女性を良きにつけ悪しきにつけ、富める時も貧しき時も、健やかなる時も病の時も変わらぬ愛を誓い、死が二人を分かつまで妻とすることを誓うや」と訊《き》きます。次に、女性にも同じことを訊きます。双方が「イエス」と答えれば、結婚は成立します。

これがキリスト教式の結婚式のやり方ですが、日本人はこれをロマンチックだと思っているのです。特に女性の方はそうではないでしょうか。しかし、これはロマンチックな文句などではありません。それどころか、まったく反対なのです。

このことを理解していただくために、今度は日本式の結婚式を見てみます。

結婚式の三々九度が終わり、次は披露宴です。新郎は羽織袴《はかま》、新婦が文金高島田《ぶんきんたかしまだ》の姿で座っており、会場には大勢のお客さんが出席しています。そこへ私、作家井沢元彦が来賓として招かれ、「一言、新郎新婦にスピーチをお願いします」と司会者に促され、次のように話し始めます。

「本日はおめでとうございます。ただ結婚生活というのはいろいろな障害があって、必ずしもうまくいくとは限りません。たとえば新郎の会社××コーポレーションは、今一部上場の優良企業ではございますが、リーマンショックのようなことがあって倒産しないとも限りません。また新婦の○○さん、大変清純そうで可愛《かわい》い顔をしておりますが、実際結婚してみると、品行が悪い一面が現れないとも限りません。

しかも人は病にかかったり、ケガをしたりします。ひとりでは何もできなくなってしまうようなことが、ひょっとしたらあるかもしれません。しかし、もしそういうことになっても、ご夫婦は変わらぬ愛を貫いていただきたいと思います」

と言ったら、どうでしょうか。

皆さんこの話を聞いて、どうお思いでしょうか。「なかなかよい話だな」と思わないとすれば「危機管理」失格です。なぜかというと、今お話ししたことは起こらないとも限らないからです。

それでは、先ほどのキリスト教の誓いの文句をもう一度見てみます。

「良きにつけ」のあとは「悪しきにつけ」です。「品行が悪い」あるいは「DV夫」、そのような可能性はまったくないのでしょうか。「富める時も貧しき時も」、この人は大金持ちだなと思って結婚したら事業に大失敗して無一文になってしまうことは絶対にないですか。

さらに可能性が高いのは「健やかなる時も病の時も」です。人間社会ではよくあることですが、結婚した途端に重い病気が見つかり、その後、死ぬまでずっと面倒を見なければならないということだってあると思います。将来起こり得ることに対して対策を練っておくのを「危機管理」といいます。

キリスト教では変わらぬ愛を誓った以上、「大金持ちだと思って結婚したら、倒産してしまったので別れる」「結婚した途端に花嫁が病気になってしまい、健康な夫婦生活が送れないので別れる」ということは「ダメですよ」と言っているのです。

人間はいつか死ぬ運命にあります。先ほどの披露宴での私の話を続けます。「ところで、夫婦というものは、それぞれ別々の人間ですから、同時に死ぬということは滅多になく、飛行機事故でともに亡くなるとか、あるいは憎み合って刺し違えるとかレアなケースを除き、いつか死に別れるということになります。そこでそのような場合、残されたほうの再婚の権利を是非お認めいただきたいと思います」と言ったらどうでしょうか。

先ほどのキリスト教では、なんと言っていたのでしょうか。「死が二人を分かつまで」、ということは「死をもってこの婚姻契約は終了する」ということです。「あとは自由にしていいよ」ということなのです。

ですから、ジャクリーヌ・ケネディは、オナシスと再婚したのです。あのような偉人の奥さんが、ご主人が亡くなった後、すぐに大金持ちと再婚してしまったことに、日本人の多くは何となく嫌な思いをしたのではないかと思います。しかし、人生のおめでたい結婚式の時に、すでにこのような場合を考えて決めているのです。

それを「危機管理」というのですが、日本人にとって「危機管理」ほど苦手なことはないのです。

嫌なことを言う人は避けられる

では、どうして苦手なのでしょうか。日本語の古い言葉の一つに「言霊《ことだま》」というのがあり、『万葉集』にも出ています。

『古事記』と『万葉集』、この二つはキリスト教でいえば、旧約聖書と新約聖書に当たるような日本民族の古典だとお考えください。『日本書紀』もあるのですが、漢文で書かれていて、今風にいえば英語で書かれた日本史になりますので、これはちょっと除外したほうがいいと思います。本居宣長《もとおりのりなが》が言う「からごころ」が入っているわけです。

『古事記』は万葉仮名といって、漢字を使っていますが、日本語の音をそのまま「当て字」で表しています。『古事記』は神話であり、『万葉集』は歌集という違いはありますが、その『万葉集』の中に「言霊」という思想が出てきます。「言霊」はどういうものかというと、読んで字のごとく、言葉に霊力があるのです。物ごとを実際に動かす力があるということです。

「明日、東京に大地震が起きる」と言ったら、実際に大地震が起こるというのが「言霊」の考え方です。しかし、「それは迷信だよ。科学的に証明できない。あり得ない」と言われれば確かにそのとおりです。

しかし、皆さんがアメリカに行かれる時に、「飛行機が落ちるかもしれないので気をつけてください」と言われたら嫌な思いをしませんか。さらに、「嫌と思っても『飛行機が絶対に落ちない』と言えないのは事実ですので、怒ってはいけません」と言われると、その後、口もききたくないということになります。「縁起でもない」ということですが、実は、これは深刻な問題なのです。

戦前、中国問題をめぐり、アメリカとの関係が抜き差しならなくなり、「アメリカと戦争になるかもしれない」と考えた近衛文麿《このえふみまろ》首相が、海軍の山本五十六を呼んで「アメリカと戦争になったら勝てるか」と訊いた時、山本五十六は「一年やそこいらは十分に暴れてみせますが、その後はわからない」と答えました。そのことで陸軍から命を狙われたという話もあります。言葉には「霊力」がありますので、縁起でもないことを言うなということでしょう。

それでは「日本は必ず勝つ」と言えばいいのでしょうか。「日本が負けるかもしれない」と言う人は、陸軍でも海軍でも左遷されて、その職にとどまれないのです。

原発を製造するとします。現地住民に対する説明会で、住民から「原発は一〇〇%事故を起こしませんか?」という質問が出た時、良心的な技術者なら、なんと答えますか。「それは人間が造ったものだから壊れることもある」でしょう。しかし、そう答えたら左遷となるかもしれません。

では、どういう人が残るかということを考えた時、「原発は絶対事故を起こさない」と言う人です。こんな人ばかりだとすると、事故なんか防げないということになります。

「言霊」に惑わされる日本人

「『言霊』というのは昔の人が信じていた迷信であり、今どきそのようなことはない」ということが間違いだと気づけば、キリスト教式の結婚式の「誓いの言葉」は「危機管理」だということがわかるはずですし、私の話も不愉快に思うことはないはずです。

でも、そうでないということは、心の奥底で「言霊」を信じているということになり、それに惑わされるということです。

よくわかる例を挙げます。二〇〇〇年の話ですが、今は国土交通省となった、当時の運輸省と宇宙開発事業団が一悶着《ひともんちゃく》起こした時の毎日新聞の記事（二〇〇〇年十月十五日付）です。

「運輸省の運輸多目的衛星『MTSAT』を搭載した国産のH2ロケット8号機の打ち上げが昨年11月、失敗した問題で、打ち上げを行った宇宙開発事業団が運輸省と気象庁を相手取り、打ち上げ費用の分担金の残額35億円の支払いを求める民事調停を、東京地裁に申し立てていたことが15日、分かった。運輸省側が打ち上げ失敗を理由に支払いを拒んだためだ。失敗時の費用負担方法などが契約書に明示されていなかったことも大きな原因で、第三者の司法に判断がゆだねられた」

というものです。これは記事冒頭の部分です。

気象衛星（通信衛星）を共同開発して造ったのが運輸省と気象庁ですが、それらを稼働運用するため、大気圏外にロケットで打ち上げてもらうように、宇宙開発事業団に前金を払って依頼したのです。

しかし、滅多にないことですが、宇宙開発事業団のロケット打ち上げは失敗してしまいました。当然、何十億円、何百億円もかけて造った衛星も宇宙の藻屑《もくず》となってしまいました。そこで運輸省と気象庁は「残りのお金は払わない」と言い出したわけです。

それに対して、宇宙開発事業団は「ロケットは打ち上げたのだから残りの金は払ってください」と主張して折り合いがつかず、司法に判断が委ねられました。

このようなことは、欧米先進国では絶対に起こらないことです。

なぜかというと、記事の中にありますが、「失敗時の費用負担方法などが契約書に明示されていなかった」、そんな馬鹿な契約書というのは欧米先進国では絶対にありません。人のやることに絶対失敗しないということはありませんので、失敗した時、残金は全額払わないとか、五〇%しか払わないとか、そういうことを決めておくのがビジネスの初歩です。それを宇宙開発事業団と運輸省がやっていなかったということは考えられません。東大法学部卒、東大理学部卒など、日本の最高頭脳が揃《そろ》っているわけですから。

もっとも太平洋戦争を起こしたのも、当時の最高頭脳といわれていた陸軍大学の卒業生でした。東大よりも入るのが難しいといわれた陸軍大学は、まず陸軍士官学校を優秀な成績で卒業し、一度部隊に配属されて、中尉、大尉ぐらいになった時に連隊の推薦を受けて受験し、合格した人間が進む超エリート校というわけです。そして、陸軍大学を五番以内で卒業すると天皇から軍刀がいただけます。ちなみに文官のほうですが、東京大学では銀時計です。

だいたい、日本を滅亡に導いた愚かな作戦を立てたのは、その五番以内の軍刀組なのです。日本のエリート養成法は試験秀才を重んじていますが、これを見てわかるように、間違っていると思います。

何かの試験を受ける場合には、必ず試験のコツというのがあるわけです。簡単な問題から先に手をつけて点数を稼ぎ、難しい問題は先送りするなどですが、それが上手な人たちが秀才として、今は霞ヶ関、昔は市ヶ谷台に集まっていたわけです。

エリートにとって一番必要なものは、物ごとにフレキシブルに対応できる能力だと思います。予想もつかなかったこと、教科書に載っていないことが起こった場合にどうするのかということですが、試験秀才はそれに対応できないのです。ところが、日本は戦前の失敗に懲《こ》りずに、まだそういう人材を育てているのです。

話を「言霊」に戻すと、日本では山本五十六ですら、「日本は負けます。止《や》めるべきです」とは言えませんでした。「一年は暴れてみせるが、その後どうなるかはわからない」というのは、負けるということなのです。

アメリカと戦う場合には海軍が中心となるわけですが、その海軍を代表する戦略家が「事実上、負ける」と言っているのに、戦争を止めることができなかったのです。それも「言霊」のせいです。

つまり、正直に言うと非国民にされてしまいますから、みんな本当の意見を言わなくなるのです。威勢がよく、嫌なことと不吉なことを考えようとしない。「負けたらどうするかなんて考えるのは非国民だ」というような人が出世するわけです。

だったらどうすればいいか、ということになりますが、簡単なことです。「日本民族には昔から『言霊』という考え方があるが、これに惑わされないようにしよう」ということを、子供の頃から教育すればいいのです。

山本五十六（国立国会図書館蔵）

先ほどの宇宙開発事業団の最新の科学技術を頭に詰め込んだ人たちが、実は、根本のところで「言霊」という迷信に惑わされて、契約といえども不吉なことは取り上げにくい体質になっているのです。惑わされないためには、「『言霊』という迷信があるよ」ということを教育で教えればいいのです。

私は、「言霊」については昔からモヤモヤとした思いを抱き、TBSに在籍している時もずっと考えていたのですが、よくわからず、歴史学者の本を読んでも結局わかりませんでした。だいたい歴史学者の先生自身がよくわかっていない人が多いのですが、私は数十年かけていろいろな試行錯誤をしながら、最近ようやくわかるようになってきたと思っています。

「言霊」の国の人は、「平和、平和と言えば平和になる」と思っているのです。平和憲法を改正したら、彼らにとっては改悪ですが、「平和憲法を変えたら、戦争が起こる」という気分になってしまうのです。だから変えられないのです。「言霊」の力を信じていますから、「世界は平和だ。日本も平和だ」という憲法を死守しようとするのです。

北朝鮮は昔から、あのような体制で全然変わっていないわけですが、日本のある新聞は「北朝鮮は労働者の天国、民主主義国家」という嘘《うそ》をバラ撒《ま》いていました。意図的に報道していたかもしれませんが、半分はこの「言霊」、即《すなわ》ち「嫌なことは見たくない」ということなのです。

拉致《らち》された人たちが戻ってきて証言しましたが、当初この事実に対しては、「聞きたくない。見たくない。そんなことがあるはずはない」と言って、記事にもせず報道もしなかったのです。それが一人二人ではなく、何人もの人が帰り、北朝鮮の責任者も認めたので、初めて拉致の事実を報道し始めたのです。小泉元首相の訪朝は大功績ですが、その直前まで「北朝鮮は拉致していない」と言っている政治家、文化人はいっぱいいたのです。信じたくなかったのでしょう。

「怨霊」に支配される日本人

次は、結構厄介な問題で「死」とも関連しますが、「尊い犠牲」という考え方についてです。

日本人は「尊い犠牲」を無駄にしてはいけないというふうに考えますが、その奥底に何があるかというと「怨霊信仰」というものです。日本は天皇が治める国というのが古代からの原則です。

天皇はアマテラス（天照大神）という太陽の女神、最高神の子孫であり、その子孫が直接治めるのが日本の国なので、日本人は「天皇を奉らなければいけない」という考え方の中でずっと育ってきました。

そこで、天災、疫病、飢饉《ききん》が起こった時、神の子孫である天皇の霊力によって守られているはずの国家に、どうしてそのような災禍が起こるのかということになり、古代人は「怨霊」のしわざと考えたのです。

「怨霊」というのは、人が不幸な死に方、たとえば政治的に陥れられて憤死したりなどすると、「怨霊となり、この世の平安を呪《のろ》って祟《たた》りをなす」というような考え方が生まれたのです。

「最初の怨霊は菅原道真」というのが学者の見解です。

平安時代の中期、藤原氏が臣下であるにもかかわらず「関白」という制度を作りました。「大臣」は職ですが「関白」は準皇族という身分です。「関白」となりますと臣を超えることになり、天皇の権限をそのまま代行できる、天皇を蔑ろにして勝手に専横できる地位や身分なのです。

藤原氏は関白として散々横暴を繰り返したため、宇多《うだ》天皇が怒り、優秀な官僚である菅原道真を抜擢して「右大臣」にまで昇らせました。ちなみに「関白」は雲の上の人ですが、臣下では太政大臣が一番上で、その下が左大臣、右大臣、内大臣となり、大臣は四人だけです。

右大臣の上には左大臣と太政大臣がいますが、平安時代の中期になると藤原氏以外で大臣に昇った人はいないのです。宇多天皇は菅原道真を「右大臣」に抜擢することによって、藤原氏に対抗させようとしたわけです。

ところが健康上の問題だったかと思うのですが、宇多天皇は天皇を退位して上皇になりました。諸説ありますが、私は宇多天皇の後を継いだ醍醐《だいご》天皇が藤原氏に籠絡され、菅原道真は「悪い奴だ」ということになり、九州の大宰府《だざいふ》に左遷してしまったのだと思います。また、道真は右大臣を首になり、大宰権帥《ごんのそち》にさせられました。

「反逆を企《くわだ》てたので、本来なら一族郎党、死刑にするところだが、罪一等を減じて左遷する」ということです。

大宰府という役所は福岡の南にありました。朝鮮半島や中国大陸からの使者はまず九州に上陸しますので、日本側はそこで外交使節を歓待します。今でいうと外務省の出張所、迎賓館みたいなものが、大宰府にあったわけです。

ところが皮肉なことに、その頃、中国の唐は衰えており、他ならぬ菅原道真が「あのような国に派遣しても意味がない」として遣唐使の廃止を建言し、それが受け入れられた後だったので、大宰府はどちらかというと開店休業状態だったわけです。大宰府は一応、国家を代表する迎賓館ですからトップは大宰帥、親王です。しかし親王は、基本的に赴任しませんので、道真が大宰権帥、副長官としてトップという立場でした。

しかし、先ほど述べたような大宰府の状況に加えて、もともと無実の罪なのですから、道真は憤りのあまり死んだわけです。

その後、菅原道真が九州の地で無念の死を遂げたという知らせが京都に届いたあたりから、不思議なことが起こり始めました。

まず、それまで一度も雷が落ちたことのなかった御所の、しかも真ん中の清《せい》涼殿《りょうでん》に雷が落ちて藤原氏の人が死ぬなど、そのようなことが続くものですから、醍醐天皇は驚き、「これはいかん」ということで、左遷を取り消して右大臣の上の太政大臣の位を追贈しました。

それでも異変は収まらなかったので、とうとう神様として祀ることにしました。それが天神様《てんじんさま》です。「なぜ天神か」というと、雷を落としたからです。

菅原道真の正式な神様としての名前は「火雷天神」とされ、これを祀った神社のことを「天満宮」と言います。もっともこれは大きな神社で、地方にある神社については「天神社」「天神様」と言います。菅原道真は最初、祟り神だったわけです。

ところが日本には、恨みをのんで死んだ人が激しい「怨霊」となって祟った後、丁重に弔えば、その「怨霊」はこの世を守ってくれる「御霊《みたま》」になるという信仰があります。菅原道真は「御霊」になってくれたわけで、もともと学者ですので、今は学問の神様として尊敬されています。

ところが失敗した例があります。平安時代後期、崇徳《すとく》天皇という方がいましたが、父親の鳥羽上皇から冷遇されて、天皇を早く退位させられ、上皇になりました。しかも自分の皇子は天皇にしてもらえませんでした。

そこで怒った崇徳上皇は、武士たちを巻き込んで反乱（保元《ほうげん》の乱）を起こすわけですが、それに対して朝廷側も後継者の後白河天皇が、武士の平清盛と源義朝を味方につけることによって勝つわけです。負けた崇徳上皇は、四国の讃岐国、今の香川県に流されました。

そこで上皇は、怨念を募らせて呪いの誓いを立てました。

「今後、この国は民が王となる。王が民に堕《お》ちる」という呪いを立てて亡くなったのです。まさにその後、上皇の呪いどおり、平清盛の政権ができ、次いで源頼朝の鎌倉幕府ができて、それに逆らった後鳥羽上皇が隠岐島《おきのしま》に島流しになるという出来事が起こったわけです。

そのような事件を通して、崇徳上皇の「怨霊」としてのイメージが定着していきました。

そして、約七百年後の幕末の時代に、今まで武家に奪われていた政権が天皇に戻ることになりました。大政奉還《たいせいほうかん》です。この時、明治天皇はまだ少年でしたが、四国の香川県坂出市にある崇徳上皇の御陵に勅使《ちょくし》を出し、神前で「京都にお戻りになってください」というお詫《わ》びの言葉を読み上げたうえ、その神霊を御輿《みこし》に乗せて帰ってきたのです。

そして、京都の蹴鞠《けまり》宗家の公家、飛鳥井家屋敷の跡地に崇徳上皇の神霊をお迎えした神社を建てました。白峯《しらみね》神宮と言います。そのあと明治天皇は正式に即位されて元号を明治と改めました。

崇徳上皇が亡くなったのが、一一六四年で、それからちょうど八百年経た一九六四年、東京オリンピックがあった年ですが、今度は昭和天皇が勅使を御陵に派遣されました。

それくらい日本人というのは「怨霊信仰」というものに深く動かされているわけです。

「怨霊・御霊信仰」に引きずられた明治・大正・昭和

幕末以降の歴史を考えて下さい。幕末は国家の制度が不十分でした。欧米列強の帝国主義に対抗できる軍隊もなければ政治制度もなく、その結果、不平等条約を結ばされてしまいました。これは日本の重荷になりました。

経済に詳しくなくても、関税自主権がないというのは、どれほどひどいことか、説明する必要もないと思います。貿易においては、自分の国の弱い分野に入ってくる「外国からの輸入品」に関税をつけることによって、何とか対抗できるわけです。

関税自主権がないということは、たとえば、外国が日本の綿花産業を潰そうとして、集中豪雨的に自国の安くて優秀な製品を日本に持ってきたら、日本の綿花産業は死んでしまうわけです。関税でサポートをしないと、円滑な貿易の発展などないわけです。

考えてみれば、明治以来の日本というのは、素人がプロゴルファーを相手にハンデなしでトーナメントを戦っていたようなものです。

また、治外法権の問題もあります。外国人が国内で犯罪を犯しても、日本の裁判所で裁判することができないのです。外国の領事に領事裁判権というものが認められていたのです。日本はこれらの不平等条約を改正するために何をしたかというと、「近代化」です。

当時のイギリスの言い分ではありませんが、「商法も民法もない国と、どうしてまともな付き合いができるか」ということです。日本と関係改善するのを一番渋っていたイギリスがほぼ完全な条約改正に同意、即ち「貴国を一人前の国と認める」というようになったのは、日清戦争に勝った時です。

今、戦争絶対反対と言う人がいるのは、第二次世界大戦で約三〇〇万人もの日本人が死んだからでしょう。それ以前は良きにつけ悪しきにつけ、戦争に勝つことによって日本の国権や国益が増大していったのは、紛れもない事実でした。ここから目を背《そむ》けてはいけないと思います。

戦争をやれば当然人が死ぬわけです。そうすると「大日本帝国のために何人死んだと思っているのか。この国益は絶対守らなくてはいけない」というふうになっていくわけです。日本は日露戦争に勝ち、そして欧米列強に対抗しようとして、次に中国東北部の満州に手を出しました。

そして、何とか満州国を独立させる形で事実上日本の支配下に置きましたが、それに対して国際社会は白い眼《め》を向け、特にアメリカは異議を唱えました。そのような国際情勢のなか、日本では「二十と二十」ということがよく言われていましたが、二〇億円の国費の投入、今でいえば何兆円にもなると思いますが、それと二〇万人の兵士が満州支配のために死んでいったので、「この死は絶対無駄にしてはいけない」という世論ができていくわけです。

マスコミといっても、「国のため、民族のために耳の痛いことをきちんと言う」マスコミと、そうではなく、新聞が売れるからといって「誤った方向に煽《あお》る」マスコミの二つがあるわけです。

その例として「満州行進曲」（作詞：大江素天、作曲：堀内敬三）という歌があります。今は忘れられていますが、戦前の大流行歌です。朝日新聞が「満州を守ろう」というキャンペーンで、読者公募で作った歌です。

次のような歌詞からはじまっています。

「過ぎし日露の戦ひに　勇士の骨をうづめたる　忠霊塔を仰ぎ見よ　赤き血潮に色染めし　夕陽《ゆうひ》をあびて空高く　千里曠野《こうや》に聳《そび》えたり……」

日露戦争の旅順攻略戦では、何万人何千人という日本人が命を落としました。乃木希典《のぎまれすけ》大将も自分の息子二人を戦死させています。その激戦地、旅順には今でもこの歌のような塔が建っているのです。まだ壊されてはいないと思います。

そして、最後の六番目として次の歌詞が歌われ、これが日本の世論となっていくわけです。

「東洋平和のためならば　我らがいのち捨つるとも　なにか惜しまん日本の　生命線はここにあり　九千万のはらからと　ともに守らん満州を」

軍歌には「爆弾三勇士の歌」「勇敢なる水兵」などプロの詩人が作った歌もあるのですが、これは公募で作った歌です。明治時代から始まったのですが、国民が精神的に戦争に参加するための「軍事歌謡」と私は言っています。

軍歌というのは軍隊内で正式に軍人が作ったもので、周りの人が応援するために作ったのは、軍歌とは言わないと私は思います。

この歌の作詞者の大江素天は朝日新聞の記者です。自ら作詞して、それをプロの作曲家である堀内敬三に依頼しました。その時の条件は「あまり難しい旋律にしないように。できればお座敷で、三味線で歌えるような歌にしてくれ」というものだったそうです。

まさに注文どおりの歌ができ、大変流行りました。レコードでいえば何万枚も売れたというところでしょう。今は、戦争映画にも出てこないので、ご存じない方が多いのですが、実際この歌が日本の世論を作っていったのです。

要するに「満州という素晴らしい国家のために日清戦争、日露戦争でどれだけ多くの人が死んだと思っているのか。そういう人たちの死を無駄にしてはいけない。そのためにも満州を生命線として守るべきだ」という世論が形成されますと、「いやそうは言っても日本国のほうが大事なのだから、場合によっては満州を放棄すべきだ」ということが言えなくなってしまったのです。

歴史が示すように、結果としてどんどん悪い方向に進んでしまいました。

「なぜ日本が欧米との戦争に入っていったか」ということについては、直接的にはルーズベルト大統領の下でハル国務長官が、「日本は中国から完全に手を引け」という最後通牒《つうちょう》「ハル・ノート」を突きつけてきたからです。

実は昭和天皇はみだりに戦争することには反対であり、東条英機首相兼陸軍大臣には「戦争はしないように」と言っていたのですが、この言葉に背き、東条英機が戦うことを決断しました。

その理由は、あとで述懐していますが、「英霊に申し訳ないから撤兵はできない」ということなのです。「英霊」と「御霊」は同じ意味だと思っていただいて結構です。

日清戦争、日露戦争で満州国のために倒れた十数万人の兵士たちが、もし中国から完全撤兵、最悪、満州を放棄するということになったら、全員「怨霊」になってしまう。そんなことができるのかということなのです。

このような考えを右翼的と考える人がいるかもしれませんが、右翼も左翼も関係ないのです。今、護憲論者とか平和論者とか呼ばれている人たちが何を言っているかというと、「戦争で何百万人死んだと思っているのだ。この死は絶対無駄にはできない。だから憲法を変えてはいけない」と言っているわけです。それは批判している相手と同じことをしているのです。

なぜ、そのようなことになるのかというと、「日本人はそういう精神的なもので動かされる」ということを知らないからでしょう。ですから、歴史教育の中で「怨霊」「御霊」ということをしっかりと教えなければいけないのです。そうすれば、日本人の意識は劇的に変わると、私は思っています。

明治以前の「平和国家日本」の二重構造

皆さんは、アマテラス（天照大神）はどのようにして生まれたか、ご存じですか。日本では意外に知らない人が多いのですが、これはまずいと思います。

今や、キリスト教徒ではないという人でも、アダムとイヴが神様に作られたということは知っているわけです。日本は天皇を中心として歴史が進んできたわけですが、この天皇の始祖であるアマテラスがどのようにして生まれてきたかは、知っておくべきではないでしょうか。

アマテラスのお父さんは「イザナギノミコト（伊邪那岐命）」で、お母さんは「イザナミノミコト（伊邪那美命）」と言われていますが、『古事記』ではアマテラスの誕生には関係していないことになっています。

なぜなら、イザナミはアマテラスの誕生の前、「火の神」を出産する時に火傷《やけど》を負《お》って亡くなってしまうからです。そして「黄泉国《よみのくに》」に行ってしまうのです。

地下にある真っ暗な世界、死後の世界なわけですが、ただそれをキリスト教や仏教でいう地獄と混同されては困ります。神道ではまったく考え方が違うのです。仏教やキリスト教においては、地獄というのは、この世で何か悪いことをした人がその罰として行くところですが、黄泉の世界は違います。

天皇であれ神様であれ、死んだら、みんなそこに行きます。昔の人は死を恐れることが甚だしく、死というのはあらゆる不幸の根源だと思っていたのです。「心の世界」「宗教の問題」であり、その根源となるものを「穢れ（ケガレ）」と言っていたのです。

つまり、人は死ぬと「穢れ」になり、伝染していくのです。すべての不幸の根源ですから、取り除かなくてはいけないという考え方があったわけです。黄泉の国というのは「死の穢れ」に満ち満ちたとんでもない世界なのです。

そこで、イザナギとイザナミですが、イザナギは何とか愛するイザナミを取り返そうと思って、この明るく輝く太陽の世界から、地下の黄泉の世界に降りていくのです。

そして、ようやく苦心してイザナミに会うことができたイザナギに、彼女は開口一番「遅かった」と言います。「私はこの国の物を食べてしまった。『穢れ』に染まってしまった」と言うのです。

それを聞いてイザナギが松明《たいまつ》を掲げて見たのは、腐敗して蛆《うじ》がたかっている彼女の姿だったのです。男というものはしょうがないもので、「それでも君を愛す」と言ったらよかったのですが、百年の恋もいっぺんに冷めて逃げていくわけです。

イザナミは追いかけますが、イザナギが逃げに逃げて明るい世界に帰った時に何をしたかというと、「私は『穢れ』にまみれてしまった」ということで、「穢れ」を祓《はら》うため、「禊」を行うわけです。清らかな水、池や湖ではなくて水が流れているのは滝とか川のようなところがよいのですが、そこに入って水に流すと「穢れ」は落ちるのです。

『古事記』の一節を紹介します。

「禊ぎ祓ひたまひき。是《これ》に左の御目を洗ひたまふ時に、成れる神の名は天照大御神。次に右の御目を洗ひたまふ時に、成れる神の名は月読命。次に御鼻を洗ひたまふ時に、成れる神の名は建速須佐之男命」です。このようにしてイザナギの子三姉弟、「アマテラス（天照大神）」、「ツクヨミ（月読命）」、「スサノオ（建速須佐之男命）」が生まれたのです。

アマテラスというのは「死の穢れ」を完全に払拭した、まったく「穢れ」のない状態で生まれた、最も清らかな神様です。

ちなみに死に準ずるものは、もう一つあります。「血」です。

普通の分娩《ぶんべん》だと人間は血まみれで生まれてきます。ですから、古代人の考え方では「血の穢れ」と「死の穢れ」は同一になるのです。今でも、女性は土俵に上がってはいけないと言う人もいますが、これは昔からの信仰なのではないでしょうか。

そして、「穢れ」を祓うためには「塩を撒く」とか「お祓いをしてもらう」という簡略形もありますが、一番よいのは水の流れに入って「禊」をすることです。ですから日本人は「嫌なことは水に流そう」とよく言うのです。

ということは、武器をもって人を殺す「強者」というのはダメなのです。しかし、日本の建国においては、そうではありませんでした。

服《まつろ》わぬ者、逆らう者はいるのですから、神武天皇は自ら剣を持って倒したわけです。中大兄皇子《なかのおおえのみこ》、後の天智《てんじ》天皇も、天皇家の地位を脅《おびや》かしたと言われる蘇我入《いる》鹿《か》の首を刎《は》ねたわけです。

ところが、だんだん逆らう人がいなくなると、もともと天皇は、自分が最も「穢れていない者」の子孫ということを誇りにされているわけですから、剣を持つことを止めてしまったのです。

中国でもヨーロッパでも帝王は必ず剣を持っています。日本の三種の神器の中にも剣がありますが、平安時代以降、天皇は帯剣をしなくなったのです。

では、どうしたかというと、桓武天皇は征夷大将軍に任命した坂上田村麻呂《さかのうえのたむらまろ》に対して剣を渡し、「蝦夷《えぞ》を征伐するように」と命じたわけです。「穢れた仕事」

は自分のやることではないということでしょう。そのうちに朝廷の官僚、貴族たちも「穢れ」の意識を強く持つようになり、「武」を嫌がるようになりました。

そして、それなら都落ちした地方で「源のなにがし」と名乗って「切った張った」をしている奴がいるから、そいつらに任せようかということで、帯剣や軍事警察権を預けたのです。軍事警察権というのは国家の基本です。軍や警察がいなければ国家は成り立ちません。

ところが日本という国は島国で、外敵に襲われることがほとんどなかったということもあるのでしょうか、平和になった途端にまず軍備を撤廃したわけです。平安時代中期のことです。

平安時代初期の頃はまだ、坂上田村麻呂が征伐に行くたびに徴兵して戦っているわけです。軍といえば軍といえるのですが、しかし、もともと「穢れたもの」は要らないと思っているので、実際にその必要がなくなった平安時代中期になると、その軍でさえいなくなるのです。それどころか警察もいなくなるのです。

昔の警察は何をするところかというと、「穢れた罪人」を捕まえたり、場合によっては首を斬ったりするわけです。罪人であればあるほど、処刑したらしたで

「穢れ」で汚れるわけです。

そこで、平安時代中期から日本は死刑を執行しなくなります。処刑する人がいなくなったのです。

先ほどの菅原道真も無実の罪ですが、形式的には国家反逆罪ですから、中国だったら親族一同皆殺しです。日本でも奈良時代の頃は、長屋王という人も無実の罪ですけれども、反乱を企んでいたということで一家ともども自殺に追い込まれています。死刑が当たり前なのは世界史の常識なのですが、日本の平安時代は末期まで死刑の執行例はほとんどありませんでした。

日本は神様に祝福された国だという人がいますが、あながち嘘ではないと思えるのは、もし平安時代中期にモンゴルが攻めてきたら、日本は大変なことになっていたでしょう。何しろ国軍がいないのですから。おそらく占領され、蹂躙《じゅうりん》されていたかもしれません。ひょっとしたら今、われわれは中華人民共和国の日本省で、中国語をしゃべっていたのかもしれないのです。

考えてみれば恐ろしいことです。平安時代に続いて鎌倉時代になりましたが、朝廷がなぜ権力を幕府に奪われたかというと、国家の要である軍事警察権を放棄したからです。それを拾い上げて用いたのが鎌倉幕府です。

しかし、幕府も自分たちは「穢れた存在」であるという意識はありますから、朝廷を滅ぼしてトップになるということは夢にも考えません。神の子孫である天皇家（朝廷）はあくまで奉っておいて、自分たちが汚れ仕事、雑巾がけをやるということで満足します。

これが朝廷と幕府の併存体制ですが、他の国では類を見ません。他の国は、権力を握った人が軍事警察を握るのですが、日本は神道に基づき、「死は『穢れ』で、あらゆる不幸の根源である」という思想があったものですから、そういう体制になりました。

ですから、日本では「大政奉還」ということが可能なわけです。それまで約七百年にわたって武士が持っていた軍事警察権でしたが、幕末に「お預かりしておりましたが、これを謹んで天皇家にお返しします」ということになりました。

日本の封建時代の政治は「軍事警察権を預かっていた」という形式で成り立っていたわけです。実際には武士が台頭し、朝廷から実質上の権限を次々に奪っていったのですが、その第一歩は朝廷が軍事警察権を手放したところにあるのです。

最初は坂上田村麻呂など軍事官僚に任せていましたが、彼らも次第にそれを嫌がるようになったので、結局、自警団である武士たちがそれを担うようになったということです。

歴史の辞典には「平安時代中期から朝廷は、地方の武士団の長に軍事や警察を任せるようになった。たとえば、源義家は反乱の鎮圧を命じられ、東北に赴き、地位を固めた」ということが書いてあります。何となくわかったような気がしますが、よくわかっていないと思うのは、実は次のようなことなのです。

たとえばの話ですが、ある県では絶対に「穢れ」なんかに触れたくないということで、警察官の成り手がいなくなってしまった、とします。困った日本国総理は、その県にある広域暴力団△△組に「お前たちならやってくれるだろう」ということで任せたという形です。

だけど、△△組だって子分を食べさせなくてはいけないから「何か身分とか報酬をください」ということで、身分としては、たとえば「陸奥守《むつのかみ》」、後には征夷大将軍とかという地位を与え、「食い扶持《ぶち》」については、「お前たちが作ったものをこれまで国の税金として取り上げていたけれども、自分たちで収納することを認める」というような形にしたわけです。極端な例ですが、それが鎌倉幕府です。

幕府というのは中国語で、もともとは皇帝のいる都から遠く離れた土地に設けられた臨時の前進基地のことをいいます。前進基地にいるのが軍団の長の将軍で、軍団は異民族と戦っています。

ところが、金や人が足りなくなり、徴兵や徴税をしたいと思っても、これは国家の根本であって勝手にはできません。普通はできませんが、何千キロも離れた前進基地、幕府にいる将軍との連絡は、早馬を飛ばしても何カ月もかかりますので、結局「お前に任せる」ということになります。

つまり鎌倉幕府というのは、形の上では、最初は関東以北の東北地方を監視する軍団の長である征夷大将軍が、臨時に駐屯している場所だったのです。そこでは「天皇から正式に任命された征夷大将軍は税金を取ってもいいし、徴兵してもいい」という形だったのです。

つまり「穢れ」の意識は「朝廷」と「武家」による支配の二重構造を生み、わが国の体制、特に防衛体制の構築に大きな影響を与えることになります。

憲法改正を阻む日本人的発想

話を戻しますと、モンゴルが攻めてきた時、日本は征夷大将軍が幕府を創設した時代です。要するに軍事政権が日本国政府として仕切っていたわけで、それが功を奏したのです。強力な武士団がいたから、モンゴルの侵略に勝てたのです。

でも面白くないと思った人たちがいます。武士団の武力で国難を払いのけたといっても、武力というのは「死や血に穢れたもの」ですから、そのようなもので勝ったとは絶対に思いたくなかった人たちがいました。それは、天皇やその周辺にいる公家たちです。

彼らは「そもそも清らかな国土である日本が、そういう外敵にやられるはずがない。だから軍事力で勝ったのではない。軍なんていうのはそういう力を持っていない」と思い込んでいたのです。それでは何で勝ったのかというと「神風」なのです。つまり、軍による抑止力とかそういうものを絶対に認めたくない人たちは、神がかりになるしかないのです。

でも、現実には軍事力や抑止力がないと国は守れないわけです。ということは、もうお気づきとは思いますが、現代の頑《かたく》なな護憲派の多くは、「神風」を頼む鎌倉時代の公家たちと同じだということです。

要するに、現実の軍事力が平和を担保する抑止力となるということは、絶対に認めたくないのです。なぜなら「穢れる」からです。「穢れた力」で守られたとは思いたくないからです。絶対に認めたくないから、鎌倉時代の公家たちは「あれは神風で勝ったのだ」と言い、今の護憲派の多くは「日本国憲法、あるいはわれわれの平和な心が日本を守っているのだ」と言っているのです。

絶対にその事実を認めたくないので、日米安保条約とか在日米軍や自衛隊によって守られているのではないと言っているのでしょう。

ですから、そういった意識をどうやって修正するのかというと、教育しかないわけです。日本人が、これまで述べてきた迷信に惑わされてきたことは事実なのですから、その事実を事実として教えればいいのです。

このように歴史的に考察すると、どうしても天皇に触れないわけにはいきません。

長い日本の歴史を見ますと「天皇家というものは現実の武力というものをあまり認めたくない傾向にあること」は事実です。

そして、それを無理やりやろうとしたのが明治時代なのです。その結果として、初めはよかったのですが、次第に軍部が暴走して先の大戦まで突っ走ってしまったのです。

どうして、そのようなことになってしまったのでしょうか。

明治の初年には、国を二分するような征韓論とか、あるいは憲法をどうするかなど、いろいろな議論が起こりました。これを見て、軍を代表する山県有朋《やまがたありとも》は「軍隊は政争に巻き込まれてはいけない」と考えて「軍人勅諭《ぐんじんちょくゆ》」を作り、軍人を天皇の直属にしたのです。

つまり、国会のコントロールから外して天皇の直接統制下に置き、同時に「軍人は政治に関与してはならない」としたわけです。

このように、天皇への絶対服従、そして天皇の命による政治への不関与ということを謳《うた》っていれば、「軍人が政治に関与して国を動かして国を滅ぼすなんてことはないだろう」と思ったのですが、完全に逆になってしまいました。

その理由は、何といっても議会のコントロールを外した結果、軍の独断専行を止めることができなくなったことが大きいのですが、もう一つの理由として、異論があるかもしれませんが、軍人は戦争において戦死することをも覚悟して戦いますので、次第に次のように考えるようになったことも大きいのではないでしょうか。

「政治家、官僚というけれども、彼らは自分の命を懸けてまで天皇にご奉公はしない。われわれは命を懸け、死ぬところまでご奉公しているのだから、われわれの主張を彼らは受け入れるべきだ」ということです。

山県有朋の意図は、完全に裏目に出たという歴史の皮肉ですが、その底流を流れている「穢れ」の思想、そこから派生してきた「武力、戦争に対する偏った見方」など、「日本人には日本人独自の考え方がある」ということを、歴史としてまったく教えなくなった日本の教育に大きな責任があるでしょう。私は今、このことを大変残念に思っています。

今まで申し上げたことは、『逆説の日本史』（小学館）の中にも書きました。今さら何十巻も読んでも大変だし、どこから読んでいいのか、わからないという人もいますので、簡単に説明します。

高校の教科書で見ていただければわかりますが、今、日本の教科書の時代区分は次のようになっています。

まず「古墳時代」というのがあって、そのあとに「飛鳥時代」「奈良時代」「平安時代」「鎌倉時代」「室町時代」「安土桃山時代」「江戸時代」と続きますが、「奈良時代」というのは近畿の奈良、「平安時代」は京都の平安京、「鎌倉」は関東の鎌倉、「室町」は京都の室町、そして「安土桃山」は近江と京都、「江戸」は東京というように、政権の所在地を示しているわけです。

ところが「飛鳥時代」というのは、『日本書紀』にも書いてありますが、天皇一代ごとにわれわれの先祖は都を移していたのです。それは飛鳥周辺の範囲に収まり切れずに大阪の難波宮、近江の大津宮などに拡《ひろ》がっています。

ですから、厳密に言うと「飛鳥時代」というのは言い方としてはおかしいのです。「飛鳥時代」と聞くと、都がずっと飛鳥にあったように思ってしまいます。

この時代、都が転々と移動していたことがわかるような名前をつけないといけないのではないでしょうか。

それでは、いつから首都が移転せずに固定されるようになったのかというと、これははっきりとしていて、持統天皇の時なのです。

持統天皇とは、歴代天皇で初めて遺体を火葬にさせた方です。それまでは全部土葬だったのです。エジプトでなぜ王様をミイラにするかというと、来世で肉体が復活すると信じているからです。

ずっと土葬だったのが火葬に突然変わったら、それは大事件と言っていいでしょう。歴史学者はそこに注目しなければいけないと思います。持統天皇がまず間違いなく、大英断されたと考えられるにもかかわらず、史料がないということでほとんど言及していないのです。

持統天皇が決断するまでは、「穢れ」の思想が大きく支配していて、天皇が亡くなると「穢れてしまった都」は捨てるしかないということだったのですが、一代限りで首都を捨てていったら、いつまで経っても日本は発展しないということに気づいた持統天皇が、「私の遺体は火葬にしなさい、仏教的な火葬にすれば『穢れ』も祓われます。都は動かしてはいけません」というようなことを言ったのではないかと、私は思っています。

これはあくまで推測です。ですが、実際に持統天皇は火葬に付されていますし、それまでずっと土葬なのに、息子が勝手に親でもある天皇を火葬にするということはできませんから、明らかに持統天皇の意思や遺言はあったはずです。

歴史を研究し、日本人独自の思想や宗教観を理解して重要視すれば、自然とそういう発想になるはずなのですが、史料にないことは検証できない、と歴史学ではなってしまいます。

史料を研究することはもちろんとても大切ですが、史料絶対主義に陥って、思想や宗教を重視しないというのでは、歴史の真相を見誤ってしまったり、見落としてしまう可能性が大いにあると思います。

世の中を変えるための歴史教育への期待

これまでは、どちらかというとマイナス面だけを述べてきましたが、もちろんプラスの面もありますので、それを話さなければいけません。

日本人は滅多に喧嘩をせず、「和を保つこと」を重視するというのは、「怨霊信仰」の影響です。下手に相手を殺して「怨霊」になられたら困るということもあり、できるだけ穏やかに物事を解決しようとします。

税金を節約するために無理やり競争をさせて、コストを下げるというのが、今の法律ですが、日本人は「そんなことをしなくても、みんなで話し合って業界の和を保てばいいじゃないか。お互い助け合うのが日本人だ」と思っています。困った時や災害が起きた時など、お互いに助け合う精神や文化はとてもいいことです。別に日本人が法律を守らない人間というわけではないのです。

もう一つお話ししたいのは、すでに亡くなられた上智大学の渡部昇一先生が「和歌の前の平等」ということを言っていました。これは名言だと思います。

ギリシアやローマの古典というのは、ホメロスとか天才の詩ばかりを載せていますが、日本は違います。

『万葉集』には天皇の歌と並んで防人《さきもり》の歌も載っています。防人というのは国境警備隊の最前線の兵士です。どんな時代でもそうですが、国境の最前線に派遣されるというのは貧しく身分の低い人なのです。その人たちが雲の上の天皇と同じ土俵で歌を詠んでいるのです。こんな素晴らしい国は世界中にないと思います。

今でもこの伝統は受け継がれ、「歌会始」という宮中行事があります。秋にお題が出て、日本中の短歌の詠める人が応募して、当選すると宮中に招かれ、天皇、皇后、皇太子が詠まれた後、召人《めしうど》というプロの歌人も来ますが、その人たちと同じ庭で詠むことが許されるのです。

これは日本の伝統で、なぜそのような伝統があるかというと、「言葉には強い霊力がある。言葉は慈《いつく》しまなければいけない」という日本独自の思想があるからなのです。それがあまりにも高じると、「事実を事実として言えなくなる」ということになってしまうのですが、「よいところは残し、悪いところは変える」ということが大事でしょう。

そして、その第一歩は何度も言いますが、「知る」ということ、「教える」ということです。

私が述べる日本史を一番読んでほしいのは、高校で教える歴史の先生です。「今、教えている歴史がいかに不十分か」ということに気づいていただけると、世の中も少しは変わるのではないかと、私は思っています。

あとがき

いつも私の講演で言っていることで私のファンなら耳にタコができている話なのですが、日本人は無宗教ではありません。そう思わされているだけです。なぜ、そうかと言うとプロの歴史学者には左翼の人が多いからです。つまり共産主義に裏打ちされた唯物史観というのは宗教を悪とみなし、それで歴史が動いたことを認めようとしないからなんですね。

でも、この本の最終章でもわかるように、日本人には日本独特の宗教概念があり、それが歴史を動かしていました。いや今も動かしています。問題はそれを自覚していないことです。自覚さえしていればそれに「呪縛」されずに合理的な判断ができるのですが。

たとえば憲法改正と言うといまだに「改悪でしかない」と血相変えて反対をする人がいますよね。それは日本人に「多くの人間の犠牲の上に成立したことは絶対に守らなければいけない」という宗教があるからです。それは本《もと》を正せば、死者を安らかに眠らせるために生者は全力を尽くすべきだという信仰に基づくのですが、戦前はそれが「満州国を獲得するために犠牲となった一〇万人」でした。だから中国と仲良くすべきだと言うと、そうすれば満州国を中国に返すことになるから絶対に許せんという人たちが、日本人の大部分を占めていたわけです。結局その満州国を維持するために無謀な戦争に走り三〇〇万人も犠牲になったものだから、こんどはその結果成立した日本国憲法は絶対変えてはいけないということになりました。根底にある考え方は同じですよね。

ここではっきり言いますが、一番大切なことは「犠牲者の死を無駄にしないこと」ではありません。現在、生きている人間の命を守ることです。戦前の大日本帝国は「犠牲者の死を無駄にしないこと」に徹底的にこだわったあまり、三〇〇万人の日本人を殺してしまいました。

また同じ間違いを繰り返さないためには、我々の宗教を直視し分析し、それがもたらす善と悪を見極めることです。それが、とりもなおさず「歴史を学ぶ」ことなのです。

※本書は、以下の講演録・雑誌・広報誌等に掲載された原稿を加筆・修正したものです。

（第一章）
『東方』第15号、1999年、《第9回鎌倉夏期宗教講座講演 特集 聖徳太子》

（第二章）
佐賀県教育委員会主催「吉野ヶ里発 古代史シンポジウム 倭国大乱の謎を追え」、基調講演「和と戦争」平成6年11月27日（日）

（第三章）
「講演 日本の歴史と土佐 ~歴史から学ぶ経営戦略・リーダーシップ~」（『四銀経営情報』2007.1 No.94 編集・発行／株式会社四銀地域経済研究所）

（第四章）

『Forbes』１９９７年1月号、ぎょうせい、「毛利元就の小早川家乗っ取りと日本型Ｍ＆Ａの奇妙な符合」

（第五章）

差別をなくす運動月間「県民のひろば」における講演録「ケガレと日本人」平成９年８月　大分県人権教育・啓発推進協議会

（第六章）

『水登ともに』１９９９年10月号、独立行政法人水資源機構、「日本人と水――第23回水の週間記念講演より――」

（第七章）

『日本の國防』第１３０号、２０１９年、「憲法改正を阻む日本人的発想」平成30年10月17日　公益財団法人日本国防協会 国防問題講演会講演録

著者紹介
井沢元彦（いざわ　もとひこ）
作家。1954年、愛知県名古屋市生まれ。早稲田大学法学部卒業。ＴＢＳ報道局（政治部）の記者時代に、『猿丸幻視行』（講談社）で第26回江戸川乱歩賞を受賞。退社後、執筆活動に専念する。「週刊ポスト」にて連載中の『逆説の日本史』は、ベスト＆ロングセラーとなっている。
主な著書に、「逆説の日本史」「逆説の世界史」シリーズ（小学館）のほか、『日本史真髄』（小学館新書）、『「誤解」の日本史』「学校では教えてくれない日本史の授業」シリーズ（以上、ＰＨＰ文庫）、『「歴史×経済」で読み解く世界と日本の未来』（中原圭介氏との共著、ＰＨＰエディターズ・グループ）、『「日本教」をつくった聖徳太子のひみつ』（ビジネス社）、『お金の日本史』（KADOKAWA）などがある。

この作品は、2019年12月にＰＨＰエディターズ・グループより刊行された『日本史で読み解く日本人』を改題し、加筆・修正したものです。

ＰＨＰ文庫　歴史から読み解く日本人論

2022年８月15日　第１版第１刷

著者　井沢元彦
発行者　永田貴之
発行所　株式会社ＰＨＰ研究所
東京本部　〒135-8137　江東区豊洲5-6-52
ＰＨＰ文庫出版部　☎03-3520-9617(編集)
普及部　☎03-3520-9630(販売)
京都本部　〒601-8411　京都市南区西九条北ノ内町11

PHP INTERFACE　https://www.php.co.jp/

制作協力
組版　株式会社PHPエディターズ・グループ

印刷所
製本所　図書印刷株式会社

© Motohiko Izawa 2022 Printed in Japan
ISBN978-4-569-90239-5
※本書の無断複製(コピー・スキャン・デジタル化等)は著作権法で認められた場合を除き、禁じられています。また、本書を代行業者等に依頼してスキャンやデジタル化することは、いかなる場合でも認められておりません。
※落丁・乱丁本の場合は弊社制作管理部(☎03-3520-9626)へご連絡下さい。送料弊社負担にてお取り替えいたします。

PHP文庫

学校では教えてくれない日本史の授業　天皇論

井沢元彦　著

天皇のルーツは外来農耕民族、本居宣長が確立した天皇の「絶対性」など、専門家があえて触れない日本史のタブーがいま明らかになる！

PHP文庫

学校では教えてくれない日本史の授業　悪人英雄論

井沢元彦　著

道鏡は称徳天皇の愛人ではない。足利義満は暗殺された。斎藤道三は信長より早く、経済改革をしていた――英雄・悪人像の通説を覆す!!

PHP文庫

学校では教えてくれない日本史の授業　謎の真相

井沢元彦　著

山本勘助は実在する。柿本人麻呂は処刑された――後世の歴史に真実を抹殺された人物を通して、歴史学者の新説を認めない姿勢を斬る！

PHP文庫

学校では教えてくれない日本史の授業　書状の内幕

井沢元彦　著

菅原道真の勇気ある上奏文、織田信長のねねへの激励文、直江兼続の痛快な手紙、伊東祐亨のやさしい勧告文……言葉の力で歴史は変わった！

PHP文庫

学校では教えてくれない戦国史の授業

井沢元彦 著

戦国時代の始まりは足利義教の暗殺から？
日本で地名を変えたのは信長が最初？——
戦国時代の本当のすごさは教科書ではわからない！

PHP文庫

学校では教えてくれない戦国史の授業
裏切りの秀吉　誤算の家康

井沢元彦　著

信長亡き後、秀吉・家康はいかに天下を奪い取ったのか？　知っているようで実は知らない戦国史。教科書には載っていない真実を明かす！

PHP文庫

学校では教えてくれない江戸・幕末史の授業

井沢元彦 著

幕府が開国しなかった理由、「生類憐みの令」の真の目的、朱子学が幕府を滅ぼした訳とは……教科書ではわからない「徳川300年の闇」を暴く！